미래세대 심리교실

2023년 12월 18일 제1판 제1쇄

지은이　　조재도
펴낸이　　강봉구

펴낸곳　　작은숲출판사
등록번호　제406-2013-0000801호
주소　　　10880 경기도 파주시 신촌로 21-30(신촌동)
전화　　　070-4067-8560
팩스　　　0505-499-8560
홈페이지　http://www.littleforestpublish.co.kr
이메일　　littlef2010@daum.net

©조재도

ISBN 979-11-6035-151-4(43180)
값은 뒤표지에 있습니다.

글과 그림으로 표현한

십대의 마음

미래세대愛

심리
교실

조
재
도

씀

머리말

　우선 이 책이 나오기까지의 경위에 대해 말씀 드리겠습니다. 저는 충남의 한 중학교에서 국어 교사로 근무하다 퇴직했습니다. 학교에서 근무할 당시 저는 학생들과 글쓰기 공부를 했습니다. 학생 글쓰기는 제가 학교에 있는 동안 학생들과 늘 함께한 일이었습니다. 그렇게 글쓰기를 해 오던 중 한 번은 '심리'를 주제로 글쓰기를 했습니다. 그 시간을 '심리 교실'이라고 이름 붙인 후, 먼저 교사인 제가 학생들에게 제시할 주제에 대해 공부한 후, 그 주제를 학생들에게 설명해 주면 학생들이 글을 써 오고, 그러면 제가 그 글 중에서 좋은 글을 뽑아 여러 사람 앞에서 발표도 하는 그런 식이었습니다.

　그렇게 심리를 주제로 글쓰기를 한 것은 10대 청소년들도 여러 마음의 문제, 이를테면 우울증, 불안, ADHD 같은 것으로 고생하고 있고, 학생뿐만 아니라 일반인들도 일상생활을 하면서 그런 심리적인 문제에 부딪힐 거라는 생각에서였습니다. 왜냐면 앞으로 우리 사회는 지금보다 훨씬 더 경쟁이 심화되고 복잡해져, 마음에 병이 나는 사람들이 늘어날 것이기 때문입니다.

우리는 1년 동안 25개의 심리 주제를 가지고 글쓰기를 했습니다. 해당 주제에 대해 글도 쓰고 그림도 그려 발표하면서 아주 좋은 의미 있는 시간을 가졌습니다. 그리고 그렇게 하여 나온 원고를 제가 파일로 잘 정리해두었습니다.

그 후 2012년 제가 학교를 떠나면서 그 파일은 잊혀졌습니다. 이따금 생각나 찾아보기도 했지만 어디에 있는지 찾을 수 없었습니다. 그러다 2020년 컴퓨터 운영체제가 윈도우7에서 윈도우10으로 바뀐다는 말에 제 컴퓨터에 들어 있는 모든 자료를 백업받게 되었는데 그때 우연히 이 파일을 찾게 되었습니다. 그러니까 10년도 더 지나 어디에 묻혀 있는지 모를 파일을 다시 찾은 것입니다. 이 책에 인용된 자료의 연도가 다소 때 지난 것도 그래서입니다.

어찌나 반갑던지요. 다시 읽어 보며 저는 학교에 있을 때의 모습으로 되돌아가 많은 상념에 잠겼습니다. 저와 함께 심리 글쓰기 활동을 한 학생들이 지금 아마도 나이가 30대에 들었을 것입니다. 그때 그 학생들 얼굴 하나하나가 그립고, 수줍어하며 발표하던 모습이 선명히 떠오릅니다.

〰〰

앞서 말했듯이 저는 정신과 의사가 아니라 교사입니다. 교사로서 심리를 주제로 학생들과 글쓰기 공부를 했습니다. 따라서 여기 실려 있는 글들이 전문적이고 권위 있는 그런 글은 절대 아닙니다. 저 역시 학생들에게 어떤 주제를 제시하기 전 여러 책을 놓고 공부하여, 누구도 이의를 제기할 수 없는 가장 기본적인 내용만을 정리하여 소개한 것입니다. 그러니까 한마디로 이 책에 나와 있는 내용은 전문 의사의 처방을 받아 약국에서 살 수 있는 의약품이 아닌, 마트에서도 살 수 있는 소화제나 종합감기약 같다고 할 것입니다.

인간 심리에 대해 전혀 문외한인 제가 학생들과 심리에 대해 공부하고 글쓰기를 한 것은 실제로 학교현장에서 학생들이 그러한 마음의 문제들을 겪고 있기 때문이었습니다. 불안, 우울증, 수줍음, 학업부진, 지나친 걱정 같은 문제에 학생들은 시달리고 있었고, 그리하여 우리도 한번 그런 문제에 대해 기초적인 차원에서 공부하고, 우리 마음을 표현해 보자 하는 취지에서 '심리 글쓰기' 시간을 진행했던 것입니다. 그리고 이 책은 그런 활동의 결과물입니다.

이 책에서 다루는 심리 주제는 25가지입니다. 우리 주위에서 흔히 보고 듣는 그런 문제들입니다. 다만 주제를 선택할 때 심리 교실을 함께 하는 사람이 10대 청소년이라는 점을 감안하여, 그들이 생활하면서 겪는 문제들 예컨대 열등감, 지나친 걱정, 수줍음, 외로움, 경쟁심 같은 것도 주제에 포함시켰습니다.

〰〰〰

저는 이 책을 10대 청소년의 눈높이에 맞춰 썼습니다. 글을 쓰면서 학생 글과 그림을 넣어 설명한 것도, 그리고 글 사이사이 '마음의 이해'를 돕기 위해 팁을 넣어 정리한 것도, 그리고 무엇보다 글 내용을 전개하는데 묻고 답하는 식으로 한 것도 그런 이유에서입니다. 가능한 쉽게, 학생들이 읽어서 알 수 있게, 그러면서도 핵심 내용을 놓치지 않아 누가 읽어도 그 내용을 알 수 있게 했습니다.

저는 이 책을 우선 청소년들이, 그리고 교사와 학부모들이 읽었으면 합니다. 읽을 때 딱딱해서 졸린 부분 재미없는 부분은 건너뛰고, 처음부터 끝까지 그냥 죽 읽었으면 합니다. 그러면서 흔히 '사춘기'라고 하는 우리 아이들이 어떤 생각을 하고 있고, 어떤 문제를 앓고 있는지에 대해 이해할 수 있으면 좋겠습니다. 그렇게 하고 나면 제가 왜 이 책을 썼는지, 이 책을 통해 무엇을 전하고자 하는지 아마 느낌이 올 것입니다.

이 책을 준비하면서 저는 10년도 더 지난, 제가 학교에 있을 때의 시간으로 돌아갔습니다. 25개의 심리 주제를 소화하면서 보냈던 시간들이 어제의 일처럼 떠오릅니다. 그러면서 좌충우돌 삶의 징검돌을 건너던 학생들의 얼굴이 떠오릅니다. 글을 쓰고 그림을 그리느라 집중하여 정적이 내려앉은 교실, 부끄러워 달아오른 얼굴에 조심조심 자기 글을 발표하던 학생의 모습. 이 학생들이 이제 30을 바라보는 성인으로 자랐을 것입니다. 심리 교실 한 장면 한 장면마다 중학생이던 학생들의 시간이 그리고 학생들과 함께하려고 했던 저의 교사로서의 시간이 녹아들어 있습니다. 이 책이 우리들의 '마음과 이상 심리'를 이해하는 안내서가 되었으면 합니다.

2023년 가을
조재도

차례

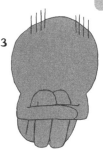

필로폰

한 가지 질문으로 이 글을 시작하겠습니다.

마음(정신)이 건강하다는 말은 무엇일까요? 신체의 건강은 우리가 비교적 쉽게 알 수 있습니다. 건강검진에서 이상이 없고 다시 말해 정상이고, 일상생활을 활기차게 할 수 있는 상태입니다. 그러나 신체적으로 건강하다고 해서 그 사람이 일상생활을 제대로 할 수 있는 것은 아닙니다. 몸은 이상이 없는데 정신적으로 문제가 있어, 다시 말해 마음의 병을 앓고 있다면 정상적인 생활을 할 수 없습니다.

그뿐이 아닙니다. 생활은 별 문제 없이 하지만, 나이에 비해 정신적으로 미숙한 경우도 있습니다. 나이가 들어 어른이 되었는데도 공격적이고 충동적이며 이기적이라면 몸이 아무리 튼튼해도 건강한 사람이라고 할 수 없습니다.

인간은 누구나 살아 있는 한 스트레스를 피할 수 없습니다. 이 단순한 사실 하나만 제대로 이해해도 자기 삶을 비교적 건강하게 꾸려갈 수 있습니다. '살아 있는 한'이라는 말에 깊은 의미가 있습니다. 죽었다면? 스트레스 받을 일도 없습니다.

건강한 사람은 그렇지 못한 사람에 비해 스트레스에 잘 대처하고, 스트레스로 인한 타격에서 쉽게 회복합니다. 이것을 '회복력'(외부의 어떤 자극으로 달라진 상태가 원래의 상태로 되돌아오는 힘)이라고 하는데, 스트레스에 처한 상황에서는 혼자 해결하려고 하는 사람보다 외부의 도움을 받아 해결하는 사람이 회복력을 더 잘 발휘한다고 합니다.

그러나 사람은 늘 그렇지만은 않습니다. 특히 가정이 와해되고 사회가 복잡해지면서 인간관계가 삭막하게 변질되어 가는 현대 사회에서, 개인이 받는 스트레스 압력은 날이 갈수록 커지고 있습니다. 그러다 보면 정신건강에 문제가 생기고, 그것을 적절하게 해소하지 못할 때 마음의 병이 찾아와 인생에 심각한 위기를 맞기도 합니다.

자, 그럼 이제부터 우리가 흔히 접하게 되는 마음의 병, 곧 이상 심리에 대해 알아볼까요?

불안

자율신경계
자신의 의지로 제어할 수 없는 말초신경계를 말함. 소화, 호흡, 땀의 분비와 같은 신진대사처럼 의식적으로 제어할 수 없는 신경계로, 교감신경계와 부교감신경계로 다시 나뉜다.

불안이란 자율신경계*의 활동 증가로 인해 나타나는 여러 가지 증상을 말합니다. 누구나 살아가면서 긴장과 불안을 느낍니다. 그리고 긴장과 불안은 어떤 일을 당했을 때 그 일을 잘 처리할 수 있도록 미리 대비하는 생리적 준비인 경우가 많습니다. 따라서 우리가 불안할 때 그것은 나한테만 있는 문제가 아니라 누구에게나 있을 수 있다는 사실을 먼저 이해할 필요가 있습니다. 그렇게 한다면 불안하다고 해서 지나치게 걱정하지 않아도 되니까요.

그럼 먼저 불안에 대해 학생이 쓴 글과 그림을 살펴보겠습니다.

■ 나는 아무 이유 없이 불안할 때가 많습니다. 불안하면 피곤해지

고, 머리가 아프며, 한숨을 쉽니다. 가슴이 두근거리고 손발이 차가워지는 것 같고, 근심과 걱정이 늘어납니다. 나는 어려서 동네 개에게 물린 적이 있는데, 개만 보면 지금도 불안해집니다. 개를 볼 때도 불안하고 내 몸에 병이 없나 불안하고 교통사고가 날까 봐도 불안하고 시험을 못 봐도 불안합니다. 저는 불안한 가운데 살고 있다고 해도 될 정도로 불안할 때가 많습니다. 친구에게 내 불안을 얘기하면 친구는 뭘 그런 것 갖고 그러느냐고 웃습니다. (중2, 여학생)

■ 불안은 누구에게나 있다는 생각이 든다. 어떤 사람은 친구 문제로 불안하고, 어떤 사람은 시험 문제로 불안하고, 어떤 사람은 취업 때문에 불안하고. 이처럼 '불안'이라는 감정을 갖고 있지 않은 사람은 없다. 불안은 무엇이 두려워서 어떻게 하지 못하는 것이라고 생각한다. 그래서 불안은 '걱정+두려움'인 것 같다.

불안하면 걱정도 하게 되고, 두려워하기도 한다. 불안하면 손에 식은땀이 나고 머릿속엔 그 일이 떠오르고, 안절부절 못하는 증상이 나타난다고 한다. 나도 불안하면 그런 증상이 나타난다. 그래서 불안은 무서운 것 같다.

불안은 제일 무서운 감정이라고 생각한다. 두려움에도 불안이 속해 있고, 걱정에도 불안이 속해 있다. 그래서 안 좋은 감정에 불안이 꼭 속해 있다는 생각이 든다. 불안은 정말 정말 무서운 감정이다.

(중2, 여학생)

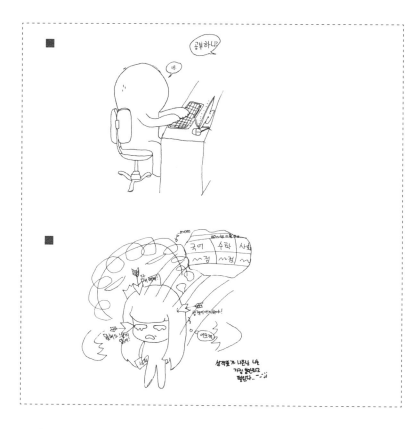

　위 자료에서 볼 수 있듯이 학생들의 불안이나 어른들의 불안이나 큰 차이는 없습니다. 불안하면 나타나는 증세나 불안을 가져오는 원인 등이 거의 비슷합니다. 다만 학생들은 그림 ③, ④와 같이 학생이라는 신분으로 인해 시험 불안과 같은 불안을 더 느낄 뿐입니다.

　글 ②에 나타난 바와 같이 불안은 정신 건강 문제 중 가장 널리 퍼져 있는 것입니다. 우울증, 알코올 중독, 강박장애, 외상후 스트레스장애, 공포증에 이르기까지, 대부분의 정신질환에서 불안은 가장 두드러진 증상으로 나타납니다.

불안은 단순한 신경과민과는 다릅니다. 불안하면 근육이 긴장되고, 잦은 두통과, 목 어깨가 뻣뻣해지고, 울렁증, 복통, 소화불량, 심지어는 호흡 곤란까지 오기 때문에 사람들은 정신과보다는 일반 병원을 찾는 경우가 많습니다. 불안의 증상이 신체 증상으로 나타나기 때문입니다.

그러나 대부분의 불안은 일상에서 오는 스트레스의 결과로 병원에 갈 정도로 심각한 것은 아닙니다. 그러나 불안을 일으킬 만한 이유가 없거나 사소한 일에도 심한 불안을 느끼고, 그것이 오래 지속되어 일상생활을 할 수 없을 정도라면 불안장애로 보아야 합니다. 일반적으로 불안장애가 있으면 자율신경이 예민해져 땀이 나고 맥박이 빨라지며 손발이 저리거나 차게 느껴집니다. 목이 마르고, 얼굴이나 가슴이 화끈거리며 소변이 자주 마렵고, 설사, 구토감, 목의 이물감을 느끼기도 합니다. 또한 호흡이 빨라지고 얼굴이 창백해지는 등의 신체 증상 때문에 고통을 받을 수도 있습니다 .

극심한 불안증이 발작적으로 오는 상태를 '공황장애'라고 합니다. 공황장애는 외부의 위협이나 뚜렷한 이유 없이 갑자기 극도의 두려움과 불안을 느끼는 불안장애의 일종입니다. 공황장애가 오면 심한 불안, 가슴 뜀, 호흡 곤란, 흉통이나 가슴 답답함, 어지러움, 파멸감, 죽음의 공포 등을 경험하게 됩니다. 처음에는 증상이 짧은 시간 지속되지만, 이런 발작이 한 번으로 끝나지 않고 수일 또는 수개월 뒤에 다시 반복적으로 나타나기 때문에, 환자들은 언제 다시 발작이 일어날지 모른다는 극도의 공포에 시달리게 됩니다 .

또 공황장애 증상을 경험한 환자들은 처음에는 정신과 질환으로 생각하지 못하고 몸에 병이 있다고 생각하여 응급실을 여러 차례 방문하거나 여러 과를 다니면서 검사를 받습니다. 그러다 보면 환자는 진단이 늦어지면서 오랜 기간 고생하고 정신과 치료도 늦어지는 경우가 많습니다. 따라서 이 장애의 증상, 진단, 치료법에 대해 정확히 아는 것이 아주 중요하며, 일단 진단이 되고 적절한 치료가 시작되면 비교적 증상의 조절은 잘되는 편이라고 합니다.

불안한 경우 당황하거나 놀라면 자율신경계를 더 자극해서 불안을 악화시킬 수 있습니다. 따라서 그런 경우에는 내가 왜 불안해할까에 대해 침착하게 생각해 보는 것이 좋습니다. 그렇게 하면 대개 불안의 원인을 짐작할 수 있는데, 주위 사람과 의논해서 환경을 바꿔보는 것도 좋습니다. 자기 마음을 솔직히 털어놓고 불안 상태를 이야기하고 도움을 청한다는 것이 매우 중요합니다.

무조건 안정하려고 억지로 혼자 있거나 하는 것은 좋지 않습니다. 불안은 사람을 긴장되고 초조하게 만들기 때문에 이럴 때는 오히려 적당한 운동이 좋습니다. 산책을 하거나 가벼운 맨손체조라도 하는 것이 근육의 이완을 가져와 불안을 더는 데 도움이 됩니다. 불안하다고 술이나 약물을 복용하는 경우가 있는데, 이는 일시적인 도움이 될 수는 있으나, 오래 사용하면 습관성 또는 충동이라는 심각한 문제를 불러올 수 있습니다 .

　대부분 학생들은 시험 기간 중 시험 불안에 시달립니다. 시험을 준비하고 시험을 치르고 성적표가 나올 때 불안과 스트레스를 경험하게 됩니다. 시험 불안증을 좋아할 사람은 아무도 없습니다. 그러나 이것은 자연스러운 현상으로 코티졸과 노르에피네프린 등의 스트레스 호르몬이 내분비 시스템에서 나와 정신적인 그리고 육체적인 자극을 느끼게 하는 바람직한 현상입니다. 시험에 대한 집중력과 이해력 그리고 체력 유지에도 도움이 되기 때문입니다.

　그러나 이런 호르몬이 과도하게 분비되거나 장기간 스트레스 호르몬에 노출되고 불안함이 습관화 되면 많은 어려운 문제가 생길 수 있습니다. 일단 시험 불안증이 생기면, 시험을 효과적으로 준비하고, 준비한 만큼 점수를 받아내는 능력이 현저히 떨어지게 됩니다.

　시험 불안증을 해소하는 방법에는 여러 가지가 있는데 그 중 한 가지만 소개합니다. 시험 기간 중 불안하여 집중력이 저하되고 공부가 안 되면, 편안한 자세에서 눈을 감고 규칙적으로 호흡하면서 숨을 내쉴 때마다 미리 정한 단어나 문장(사랑, 평화, 괜찮아, 할 수 있어 같은 말)을 마음속으로 반복하여 10분 간 암송합니다. 긍정적인 단어는 뇌파를 알파파로 바꿔주며, 심리적 안정을 유발하여 생체기능을 개선하고 공부의 능률을 높이는 효과가 있습니다.

또 마음이 불안해지면 애써 불안에 맞서려 하거나 그것에 휩쓸리지 말고, 눈을 감고 가만히 앉아 내쉬는 숨과 들이마시는 숨을 잘 관찰합니다. 평소에는 의식하지 못했던 자신의 호흡을 의식해서 관찰합니다. 날마다 조금씩 오래 지속하면 긍정적인 결과를 얻을 수 있습니다. 공부하는 중간 중간에 휴식할 때 기지개를 켠 다음, 갈비뼈 부위를 손으로 자극해주는 것도 좋습니다. 긴장과 스트레스를 받으면 늑골 부위가 경직되므로 이를 마사지하여 풀어 주는 것이 좋습니다.

우울증

　우울증이란 슬픈 감정이나 의욕 저하 등 다양한 신체적 증상을 동반하는 질환입니다. 사회가 복잡하고 다양해지면서 인간 사이 소통이 갈수록 어렵고 또 물질 만능주의가 팽배하면서 인간 내면의 가치 추구가 설 자리를 잃어 우울증이 날로 증가하고 있습니다.

　우울증은 가장 흔한 정신과 질환으로 인구의 약 1~5% 정도가 전문가의 도움을 받아야 하며, 남자는 평생 10~15%, 여자는 15~20%가 우울증에 걸릴 가능성이 있다고 합니다.

　사람은 누구나 이런저런 이유로 우울한 기분을 경험합니다. 스트레스를 받거나 좋지 않은 일이 생기면 상심하고 우울해합니다. 사랑하는 사람이 곁을 떠나거나, 사업에 실패하거나, 친한 친구가 등을 돌리면 누구나 우울해지고 마음이 슬퍼집니다.

　그럼 먼저 우울을 주제로 한 학생 작품을 같이 본 후 이야기를 이어갈까요?

■ 모든 일이 내 뜻대로 되지 않을 때, 예를 들어 시험을 못 봤거나 친구와 싸웠을 때, 또는 피곤하거나 힘들 때 나는 우울하다. 시험공부를 해도 점수가 낮게 나왔을 때는 정말 나는 아무리 해도 안 되는구나, 이러면서 자기비하까지 한다. 또 친구와 싸웠을 때는 나는 정말 잘못한 게 없어도 싸우고 나면 친구 없이 살아야 한다는 걱정이 앞선다. 나는 사과를 바로 하는 편이지만, 친구가 받아주지 않을 때 정말 우울하다.

그리고 내가 더 더욱 우울할 때는 부모님이 나 때문에 싸우실 때, 언니와 싸울 때, 또 현실을 알았을 때이다. 부모님이 나 때문에 싸우실 때는 하느님께 빌고 또 빈다. 앞으로 내가 잘할 테니깐 아무 일 없도록 해주세요, 제가 앞으로 조금만 더 노력할 테니 우리 엄마 아빠 이혼 안하게 해주세요... 그리고 언니와 싸울 때는 전에는 그냥 맞고만 살았지만, 이제는 언니를 때리고, 흉터를 보면 괜히 미안해지고 우울해진다. (중2, 여)

■ 우울이란 사람들의 기분이나 마음이 울적하거나 슬플 때 드는 것이라고 생각한다. 내가 우울할 때는, 첫 번째 누군가가 죽었을 때이다. 지난 2010년 어느 날 친할아버지께서 치매로 요양원에 계시다 돌아가셨다. 갑작스럽게 돌아가셔서 많이 놀랐다. 첫날에는 학교와 학원에 가지 않는다는 것이 마냥 기쁘기만 했다. 하지만 둘째 날 돌아가신 할아버지 시체를 보고서는 눈물이 멈추지 않았다. 잠깐

밖에는 볼 수 없었지만 문 앞 계단에서 언니들과 동생들이 우울하게 앉아 있을 뿐이었다. 마지막 날에는 할아버지의 뼈 가루를 땅에 묻었는데 흙을 넣어 덮는 순간 마음이 울컥하였다. 이와 같이 나는 누군가가 죽었을 때 우울한 것 같다.

두 번째는 나 혼자 있을 때이다. 전에 나는 신종플루라는 독감에 걸린 적이 있었다. 평소 건강하던 나는 걸릴 일이 없겠지 하며 마음 편히 있었다. 7시쯤 나는 나도 모르게 잠을 자고 말았다. 나는 아무 느낌 없이 편하게 잤는데 언니가 와서 나를 깨우며 괜찮냐고 했다. 언니의 말로는 내가 아픈 듯 뭐라고 중얼거렸다고 한다. 병원에 가서 확인해 보니 신종플루에 걸렸다고 한다. 그 후로 혼자 일주일 간 방에 들어가 있었다. 혼자 있는 동안 TV도 못 보고 컴퓨터도 못하고 아무것도 하지 못했다. 친구들과 얘기도 못하고 뛰어다니지도 못했다. 그저 누워 있었다. 아무런 느낌이 없고 기쁜 느낌이 없었다. 나는 이게 우울이라고 생각한다. (중2, 여)

(중2, 남)

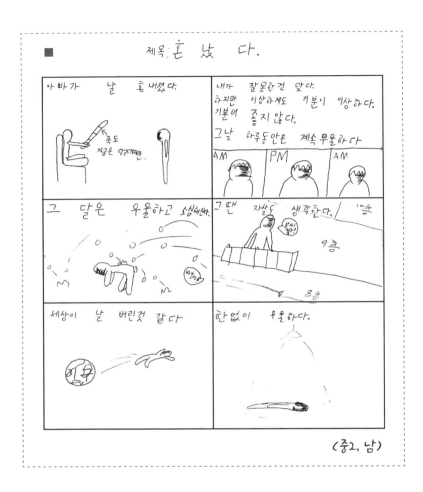

（중2, 남）

위 학생의 글에서 보는 것처럼 우울한 상태는 흔히 상실이나 실패를 의미하는 특별한 사건이 있을 때 나타납니다. 그러나 때로는 분명한 이유를 찾기 어려운 경우도 있다고 합니다.

그림 ③과 ④는 보기만 해도 마음이 아픕니다. 그림 ③은 무슨 일로 인해 우울한 상태를 그린 것인데 그림의 주인공이 너무 의기

소침해 있어 금방이라도 달려가 안아주고 싶습니다. 그림 ④도 그 렇습니다. 첫 장면에 "죽도, 지금은 당구대지만..."이라는 말이 너 무 가슴 아프게 다가옵니다. 아빠가 잘못해서 자식을 혼내는데 말 로 타이르는 것이 아니라 죽도와 당구대로 때린다니, 그런 가정의 아이가 우울해 하고 심지어 자살까지 생각하는 것이 어쩌면 당연 한 일이 아닐까요?

정신분석이론에서 우울은 '분노가 자기 자신에게로 향한 상태' 라고 합니다. 가족관계 또는 대인관계에서 쌓인 분노나 공격 감정 이 직접 발산되지 못하고 자기 자신에게 향해져, 자신을 비하하고 부정하며 처벌하려는 경향이 우울 상태로 나타난다고 합니다.

학생 글에 나오는 것처럼 대부분 우울 정서는 건강한 슬픔에 해 당되어 시간이 지나면 원래의 상태로 돌아옵니다. 그러나 특별한 이유가 없는데도 수면 장애 식욕 장애를 일으키거나, 신체적으로 두통, 위통, 현기증, 피로와 같은 현상이 계속되면 우울증일 가능 성이 높습니다.

우울증에 시달리게 되면 모든 생각은 슬픔으로 물듭니다. 세상이 자신을 지치고 녹초로 만드는 것처럼 보이고, 이런 일이 몇 주, 몇 달, 혹은 몇 년이나 지속되어 삶을 지속해 나가기가 어려워집니다.

우울증의 가장 큰 특징은 우울 정서입니다. 이는 환자의 90% 이상에서 나타나며 일상적인 일에 대한 관심과 흥미를 상실하고 식욕이 감퇴하며, 열등감 절망감에 사로잡혀 자살 충동까지 느끼게 됩니다. 또 인지기능 및 사고의 장애가 나타나며, 자신감 결여, 장래에 대한 불안, 사회적 지위에 대한 절망감, 이유 없는 죄책감, 망상 같은 증상이 나타납니다.

대부분의 경우 우울증은 수면장애를 불러오며, 심각할 경우 몸의 신진대사와 생체리듬에 장애를 초래합니다. 우울증을 앓고 있는 대부분 사람들이 사고와 행동이 눈에 띄게 느려지고, 자발적인 움직임이나 제스처를 찾아볼 수 없습니다. 모든 일에 게을러지고 단정치 못하며 말이 느려지고 목소리도 작아 듣는 사람이 애를 먹게 됩니다.

조증
우울증과 반대 현상으로 지나치게 의기양양하거나 과민한 기분이 1주일 이상 지속되는 상태이다.

우울증과 조증*이 함께 공존하는 경우 이를 양극성 장애라고 하며 '조울증'이라고도 합니다. 기쁨과 즐거움을 지나칠 정도로 표현하는 조증 증세와, 기분이 심하게 침체되는 우울증 증세가 번갈아 가며 나타나는 조울증은 스트레스가 심한 현대사회에서 발병률이 갈수록 높아지고 있습니다. 또 우울증을 경험한 사람들 중 약 25%가 나중에 조증을 경험한다고 합니다.

우울증 치료에는 정신치료와 약물치료가 있습니다. 경미한 우울증은 정신치료가 효과적이고, 심각할 경우 정신치료는 별 효과가 없고 약물치료를 하면 많은 도움을 받을 수 있습니다. 약물치료를 할 경우 최소 2-3주는 지나야 효과가 발생하기 때문에 인내심을 가져야 하고, 약물치료 후 3-4주가 지나도 효력이 없으면 대체로 복용량을 늘려야 한다고 합니다.

앞서 말한 대로 일시적인 우울 상태는 매우 자연스럽고 정상적이라 할 수 있습니다. 시간이 지나고 상황이 변하면 특별한 노력 없이 우울에서 벗어나는 경우도 많습니다. 그러나 그렇지 않은 경우가 문제가 되는데, 우울증도 다른 질환과 마찬가지로 조기에 전문가의 치료를 받는 것이 중요합니다. 치료 시기를 놓칠수록 회복하는데 많은 시간이 걸리기 때문입니다.

일상에서 우리가 우울 상태를 벗어나기 위한 몇 가지 방법을 소개합니다.

먼저 스트레스의 근원을 파악하는 게 중요합니다. 무엇이 나를 괴롭히고 있는지 스트레스의 근원을 파악하고 적극적으로 해결하도록 노력해야 합니다. 흔히 친구관계나 가족관계의 갈등, 학업 및 학교생활 곤란, 경제적 곤란 등이 원인일 수 있습니다.

스트레스를 해소하기 위해 다른 사람에게 조언을 구하십시오. 어떤 일을 혼자 고민하기보다는 이해심 있는 친구나 선배에게 이야기하고 조언을 구합니다.

그리고 어떤 일에 지나치게 부담감을 갖지 않는 것이 좋습니다. 가능하면 불쾌감을 주는 사람이나 상황을 피하고, 생활의 패턴을 바꿔보는 일, 다른 사람에게 인정받거나 기대감을 줄이는 일, 자신을 옭아매는 중요한 결정이나 사건에 개입하지 않는 일, 이런 일들이 평소 우울한 감정을 극복하는 데 도움이 됩니다.

ADHD

    ADHD는 이제 흔히 쓰는 말입니다. Attention Deflict Hyper-activity Disorder의 앞머리 글자를 따서 ADHD라고 하는데, '주의력 결핍 과잉행동 장애'라는 뜻입니다. 아이가 지나치게 활달하고 충동적이며 공격적인 성향이 있다면 한 번쯤 ADHD가 아닌가 살펴볼 필요가 있습니다.

    ADHD는 전체 아동의 3-20%에서 발생하는 질환으로, 남자 아이가 여자보다 3-9배 더 많이 발생합니다. 증상은 만 4세경부터 나타나 초등학교 입학 무렵에 분명히 드러납니다. 충동적이고 과도하게 활동하며 주의집중 시간이 짧아 학업에 집중하지 못하고 주어진 과제를 제 시간에 해내지 못하는 행동을 합니다.

    학교생활에서 보이는 특징으로는 준비물을 잘 챙기지 못하고, 한 가지 일을 시작하기 무섭게 다른 일에 관심을 보여 작업을 마치지 못합니다. 팔다리를 끊임없이 흔들거나 움직이고, 소리를 지르며, 주변 아이들이 예상하지 못한 순간에 공격적인 행동을 보이기도 합니다. 분노 같은 감정을 잘 통제하지 못해 품행에 문제가 있으며, 또래들에게 외면당하고 어울리지 못해 학교생활에서 외톨이가 되는 경우가 많습니다.

아래 열거한 9개 항목 중 6개의 증상을 보이면 주의력결핍 장애로 진단할 수 있다고 합니다.

1. 세세한 사항까지 주의를 기울이지 않고, 부주의해서 실수를 많이 한다.
2. 지속적으로 주의를 기울이기 어렵다.
3. 귀담아 듣지 않는다.
4. 집안일이나 숙제를 끝마치지 못한다.
5. 정리를 잘 하지 못한다.
6. 학교의 과제나 숙제를 하지 않는다.
7. 물건을 많이 잃어버린다.
8. 쉽게 산만해진다.
9. 잘 잊어버린다.

\<충동증>
1. 의자에 가만히 앉아 있지 못하고 몸부림친다.
2. 오랫동안 앉아 있지 못한다.

3. 많이 뛰어다니고 오르락내리락 한다.

4. 조용히 놀지 못한다.

5. 무엇인가 끊임없이 계속한다. 전기 모터 단 것처럼 움직인다.

6. 말이 많다.

7. 불쑥 대답한다.

8. 자기 차례를 기다리지 못한다.

9. 끼어든다. 대화나 게임에 참견한다.

ADHD에 대해 관찰 결과를 쓴 글과 학생 그림을 살펴보겠습니다.

■ 희성이는 초등학교 1학년이다. 어려서부터 산만하고 부산한 모습을 보였지만 그 나이에는 다 그렇겠거니 하면서 지켜보고 있었다. 하지만 학교에 입학한 이후 수업시간에 문제가 발생했다. 수업시간에 제대로 앉아 있지 못하고 벌떡벌떡 일어나 돌아다니고 반 친구들을 주먹으로 건드리는 행동을 보였다.

선생님이 주의를 줘도 듣지 않고 제지가 안 되었으며 쉬는 시간에는 소리를 지르며 다른 반에도 들어가서 아이들과 주먹다짐을 벌이기도 하였다. 벌을 받는 중에도 돌아다니고 결국 매를 맞게 되면 조금 말을 듣는 것 같다가 다시 반복되는 모습을 보였다. 심지어는 수업이 끝나지 않았는데도 집에 와 버리는 경우도 있었다.

그러나 희성이는 컴퓨터 게임이나 오락은 잘 했다. 두 시간이고 세 시간이고 열중해서 했으며 동네 문방구 앞의 오락기에서 오락을 하느라 집에 늦게 들어오는 일도 많았다.

식사시간에는 자꾸 돌아다녀 어머니는 밥 먹이는 것이 고역이고 밥그릇을 들고 다녀야 될 정도였다. 동생과도 잘 지내지 못해서 툭하면 동생을 괴롭히고 울리는 일이 많았다.

같이 외출을 하는 경우에 부모는 아이를 잡으러 다니느라 볼 일을 전혀 볼 수 없었고 이런 일로 아버지한테 심하게 맞은 적도 있으나 쉽사리 교정이 안 되었다. 시간이 지날수록 행동은 더욱 난폭해지는 양상을 보였으며, 학교건 동네건 간에 친구는 거의 없고 반 아이들도 같이 놀기를 싫어했다. 〈인터넷에 있는 어른의 글〉

(중2, 여학생)

글 ①은 인터넷에 있는 글인데, 실제로 어른이 ADHD가 있는 아이를 관찰하고 쓴 것입니다. ADHD의 특성이 아주 잘 나타나 있어서 인용했습니다. 글 ①의 내용이 그림 ②에도 나타나 있습니다. 수업시간에 끊임없이 돌아다녀 선생님에게 주의 받고, 정숙해야 할 도서관에서 소란하게 떠듭니다. 다른 사람은 다 자는데 이 그림의 주인공은 잠을 못 이룬 채 낮에 한 뽑기 생각에 빠져 있습니다.

ADHD는 집중을 유지하게 하는 뇌의 전두엽 이상으로 유발됩니다. ADHD 아동은 또래보다 평균 2년 정도 전두엽 발달이 늦다고 합니다. 전두엽이 전체 뇌에서 차지하는 비중은 침팬지가 5%인데 비해 인간은 무려 30%나 됩니다. 전두엽은 상징과 같은 추상을 이해하고, 융통성, 주의집중력, 판단력과 같은 고차원적인 능력을 담당하여, '인간을 인간답게' 만들어 주는 뇌의 영역입니다.

전두엽은 그 비중이 큰 만큼 다른 뇌에 비해 빨리 발달하지 못하고 절대적인 시간을 필요로 하며, 개인차가 있어 상대적으로 느리게 발달하는 사람이 있다고 합니다. 따라서 어려서 떼를 많이 쓰거나 투정을 많이 하고, 용변 훈련이 잘 되지 않는 특성을 보이는 아이도 학령기가 될 때까지는 ADHD라고 확정짓기 어렵다고 합니다.

그러나 "우리 아이가 좀 활달할 뿐인데 뭐가 문제인가"하는 식으로 계속 방치한다면 적절한 치료시기를 놓칠 수 있는데, ADHD는 조기에 발견할수록 치료가 쉽다고 합니다. 시간이 지날수록 나아지지 않고 보통 성인으로 이어져 사회생활에 심각한 영향을 미치게 되기 때문입니다. 특히 청소년기에 절도 폭행 약물남용 우울 불안장애 등이 나타나 본인은 물론 가족과 주위 사람들이 크게 고통을 받습니다.

치료방법에는 약물치료, 심리치료, 행동치료가 있습니다. 약물치료는 집중력을 높여서 학업수행 능력을 높이기는 하지만 식욕 감퇴 불면증과 같은 부작용이 있다고 합니다. 부모의 잘못된 양육이 아이의 ADHD를 악화시킨다는 점을 고려해서 부모 교육이 병행되기도 합니다. 아이를 비난하거나 부정적으로 대하거나 인정하지 않는 행동은 아이의 심리를 더욱 위축시켜 사태를 악화시키기 때문에, 아이를 자주 안아주면서 정서적 유대를 형성해가는 것이 중요합니다.

ADHD가 갖는 충동성과 부주의함에 대해 다른 시각으로 보는 견해도 있습니다. '인디고 아이*'일 가능성도 있다는 것입니다.

어느 시대 어느 사회에서나 기존의 관념으로는 설명할 수 없는 자질과 창조력을 보여주는 아이들이 있었습니다. 그리고 그런 아이들은 그 사회의 틀에 쉽게 적응하기 어려웠습니다. 또 그런 아이들은 자신이 흥미를 갖는 일 외에는 어떤 것에든 집중하기 어려워합니다. 이런 아이들에게는 스스로 훈련하는 방법을 알려주고, 훈계할 때는 지금 무엇이 잘못돼서 꾸지람을 듣는지에 대해 차근차근 설명해주는 게 좋습니다. 어른의 잣대로만 보고 아이를 대할 때 그 아이의 창조성은 꺾이기 쉽습니다.

인디고 아이의 실체를 믿든 안 믿든 이해하기 어려운 사람도 사회의 전체적 차원에서 본다면 모두가 소중한 존재입니다. 따라서 그들을 억압하기 이전에 동등한 눈높이에서 존중해 주는 태도가 중요합니다.

인디고 아이
미국의 도린 버츄 박사 등이 주장하는 1975년 이후부터 태어나는 종래의 인류와는 다른 유형의 아이들을 가리키는 말. 그 아이들의 오라(사람의 몸 밖을 둘러싸고 있는 에너지체)는 자주색이 강하다고 해서 인디고 아이들이라고 불린다. 이런 아이들은 높은 감성을 지녔고, 지나치게 에너지가 넘치며, 금방 싫증을 내 집중하는 시간이 짧은 것처럼 보이며, 민주적인 방식이 아니면 저항하는 등의 특성을 보인다고 한다.

중독

중독이라는 말만큼 우리 주변에 흔하게 쓰이는 말도 없을 것입니다. ××중독, △△중독 등, 조금 지나치다 싶으면 갖다 붙이는 말이니까요.

그러나 정신과에서 중독이란 다음과 같은 상태를 가리킨다고 합니다.

① 술이나 마약 따위를 계속 지나치게 복용하여 그것 없이는 생활이나 활동을 하지 못하는 상태 - 커피가 없으면 견디지 못하는 것으로 보아 그는 카페인 중독인 것 같다 등.
② 음식물이나 약물 따위 독성으로 인해 신체에 이상이 생기거나 목숨이 위태롭게 되는 일 - 그의 사인은 수은 중독이었다, 농약을 뿌리다 쓰러져 병원에 실려 온 농부에게 농약 중독 증세가 나타났다 등.
③ 어떤 사상이나 사물에 빠져 정상적으로 사물을 판단할 수

없는 상태 - 날마다 집에서 텔레비전만 보니 너는 텔레비전 중독인 것 같다 등.

다시 말해 어떤 대상에 대해 조절 능력이 없어 인간관계나 경제적인 면에서 손실을 가져오고, 그로 인해 정상적인 일상생활가정, 학교, 직장, 사회을 할 수 없을 때 중독으로 봅니다.

중독에는 마약 중독, 알코올 중독 등 여러 가지가 있는데, 중독 현상을 설명하는 여러 가설 중 가장 인정되고 있는 것은 도파민 가설입니다. 도파민은 인간의 두뇌 앞쪽에 있는 뇌교* 부위에서 분비되는 신경전달 물질로 사람의 감정 중 행복감과 만족감 등을 전달하는 기능을 합니다. 술이나 담배, 마약, 본드, 심지어 초콜릿 등이 우리의 기분을 좋게 해주는 이유는 이것들이 도파민 분비를 촉진시켜 주기 때문입니다.

뇌교
포유동물에 있는 뇌의 한 부분이다. 모양이 넓고 말발굽처럼 생겼는데, 연수와 소뇌 사이를 이어 주는 신경섬유 다발로 되어 있다.

그러나 도파민이 뇌 속에 지나치게 많이 존재하면 환각 상태 등이 일어나기 때문에 우리 몸은 자동으로 적정량 이상을 즉시 제거합니다. 따라서 도파민 가설에 의하면 중독이란 인체가 중독 물질에 의해 도파민을 적정량 유지하지 못할 때 발생하는 것이라고 말할 수 있습니다.

중독 물질알코올, 마약, 담배(니코틴), 커피(카페인), 탄수화물 등의 대부분은 우리 몸에 들어오면 도파민 분비를 자극하고, 그렇게 되면 도파민 과잉 상태가 지속되어 인체는 마치 항생제에 타성이 생기듯 늘어난 도파민 양에 적응하게 됩니다. 그러다보면 과다한 도파민이 만들어 내는 환각중독 현상을 마치 정상 상태로 인식하게 됩니다. 그러다 중독물질 공급이 중단되어 도파민 분비량이 줄어들면, 인체는 이를 견디지 못하고, 흥미, 호기심, 자극추구를 위한 물질을 갈망하게 되는 것입니다.

그럼 여기서 학생들은 중독에 대해 어떻게 생각하는지 살펴보겠습니다.

■ 나는 '음료수 중독'이다. 집에 1.5리터짜리 주스나 음료수를 사다 놓으면 옆에 끼고선 아작을 낸다. 그러면 언니, 엄마, 아빠한테 잔소리 좀 듣는다. 나는 음료수 같이 단 것을 그닥 좋아하는 것은 아니지만 나는 마시는 것을 좋아한다. 밥을 먹을 때도 같이 먹는다. 음료수가 떨어지면 너무 심심하다. 왠지 갈증해소가 안된다고 계~속 징징거린다. 나는 그토록 음료수의 노예가 된 것이다. (중2, 여)

■ 나는 지금 드라마 중독에 빠져 있는 것 같다. 옛날부터 봤던 드라마가 끝이 나면 또 다음에 하는 드라마를 보곤 한다. 그리고 시간이 남으면 공부를 해야 하는데, 계속 드라마를 본다. 매일 안 본다고 해도 학원 가기 전까지 계속 본다. 나는 지금은 TV를 보는 것이 정해져

있다. 아빠는 옛날부터 시간을 정해서 보라고 하셨다. 그래서 시간을 정해서 본다. 그런데 아빠는 너무 많이 본다고 한다. 나는 월~금요일까지 시트콤(1회 20분) '몽땅 내 사랑'을 보고 월, 화는 '동안미녀' 수, 목은 '시티헌터'를 보고 토, 일 '내 마음이 들리니'를 본다. 나는 TV를 줄이고 싶지만 마음대로 되지 않는다. 그것이 바로 중독이다. 중독은 자신의 생각과 달리 행동하는 것 같다. (중1, 여)

■ 나는 사람이 무언가에 중독되어 있을 때 상황의 전체적인 모습을 전혀 볼 수 없다고 생각한다. 내가 오랫동안 리니지 게임 중독에 걸린 적이 있어서 하는 말이다. 나는 중학교 2학년 여름 처음 이 게임을 해 보자마자 중독되었다. 배고픔도 느낄 수 없었다. 누가 먹으라고 소리쳐야 마지못해 밥을 먹었다. 리니지 게임에 빠지면 폐인이 된다고 주변 사람들이 충고를 했지만 개의치 않았다. 방학 때면 밤 열 시에 게임을 시작해서 다음 날 오후 두 시까지 계속 게임에 몰두했다. 그리고 오후 두 시쯤 눈을 붙였다가 저녁에 깨어나서 다시 컴퓨터 앞에 앉고……. 매일같이 이런 식이었다.

그러다 어느 날 한 친구가 나의 게임 장비를 모두 가지고 달아났다. 이 친구는 자퇴를 하고 인천인가 어디로 사라졌다. 나는 갑자기 리니지를 못하게 되자 금단현상을 겪게 되었다. 분에 못 이겨 컴퓨터 모니터를 깼고 5일 동안 이불을 뒤집어쓰고 소리를 질러댔다. 그리고 일주일 뒤에는 달아난 친구를 찾아다니기 시작했다. 한 달 정도 지나자 정신이 좀 들었다.

술, 마약, 도박, 게임 등에 중독된 사람은 중독 물질만 눈에 보이고 그 것을 중심으로 생활한다고 한다. 내가 그랬다. 중독된 동안 나는 꿈을 꾸었던가? 정신이 들면서 모든 것이 허무했다. 그러나 나는 현재 많은 것을 새로 보고 느낀다. 이제는 조금씩 정상을 회복하는 내 생활이 리니지 게임보다 더 중요하다. 다시 예전 생활로 돌아가고 싶지 않다. 중독은 장님이 되는 길이다. (고2, 남)

→ 필로폰

(중2, 남학생)

우리는 흔히 중독하면 알코올이나 컴퓨터, 게임, 인터넷 등을 떠올리는데, 위 글을 보면 음료수나 드라마 같은 것에도 중독된다는 것을 알 수 있습니다. 그리고 또 위 글의 내용을 보면 글 ①과 ②, ③이 좀 다르다는 것을 느낄 수 있습니다. 글 ①은 음료수와 관련된 중독이고, 글 ②, ③은 물질이 아니라 어떤 행위와 관련된 이야기입니다.

이처럼 중독에는 어떤 물질에서 비롯되는 물질 중독이 있고, 행위에서 비롯되는 행위 중독이 있습니다. 물질 중독은 어떤 물질이 몸 안에 들어가서 뇌와 신체에 변화를 일으켜 발생하는 것입니다.

역사적으로 중독의 효시는 술이라고 합니다. 인류 역사상 최초로 술을 의도적으로 만든 곳은 메소포타미아입니다. 이때부터 술은 법으로 다스리지 않으면 안 될 정도로 문제가 되었습니다. 알코올, 니코틴, 카페인, 대마초, 코카인마약, 본드와 같은 흡입 환각제, 탄수화물*, 아편류 같은 것들에 중독될 경우 물질 중독에 해당됩니다.

탄수화물 중독
탄수화물 중독이란 하루에 요구되는 최소량의 탄수화물(약 100g) 이상을 섭취하고도 밀가루나 당분이 함유된 음식을 억제하지 못해 먹어도 계속 허기를 느끼는 증상이다.

그런데 현대사회에서는 행위도 중독될 수 있다는 견해가 널리 퍼져 있습니다. 현재 정신과 진단체계에서는 중독을 '충동조절 장애'의 일종으로 보고 있지만, 도박, 게임, 인터넷, 음란물, 휴대폰, 쇼핑, 섹스, 폭식 등을 행위 중독에 포함하는 것이 타당하다고 합니다.

행위 중독 가운데 사회적으로 가장 문제가 되는 것은 도박입니다. 도박 중독자도 도파민 분비 등 다양한 유전적 문제가 있는 경우가 있고, 조부모에게 도박 증세가 있는 경우 그렇지 않은 경우보다 무려 12배나 더 많이 발생할 수 있다는 보고가 있습니다.

치료는 중독된 증상에 따라 각기 다를 수밖에 없습니다. 알코올 중독은 알코올 중독에 맞게, 게임 중독은 게임 중독에 맞게 치료할 수밖에 없으며, 치료를 위한 모임 등이 활성화 되어 있어, 의지만 있으면 치료할 수 있는 길이 많이 있습니다.

중독과 관련하여 한 가지만 더 이야기하면 중독이라는 단어는 실제로 현재 의학계에서는 사용하지 않는다고 합니다. 하지현 교수에 의하면 1964년 세계보건기구(WHO)는 중독을 '의존'과 '남용'으로 대체하라고 권고했고, 이 둘을 구별할 필요가 있다고 합니다.

열등감

　열등감이란 자신이 남보다 못하거나 부족하다는 생각에서 오는 느낌입니다. 열등감은 자신을 비하하는 감정, 곧 자신이 속한 부류의 가치관 수준보다 낮다고 여기는 것입니다.

　열등감은 사람들이 다른 사람의 표준이나 기준에 맞추어 자신을 평가하는데서 생겨납니다. 사람은 누구나 열등감이 있습니다. 열등감 없는 사람은 없습니다. 예를 들어 공부를 아주 잘해 서울대에 다닌다고 해서 열등감이 없는 것은 아닙니다. 그는 공부에서는 열등감이 없을지 몰라도 다른 문제 때문에 열등감을 느낄 수 있습니다. 아니 오히려 공부 면에서도 더 잘하는 사람 앞에서 열등감을 느낄 수 있습니다.

　이와 같이 열등감은 저마다 다른 감정의 차원입니다. 결코 같은 것이 하나도 없습니다. 어떤 사람은 외모에, 어떤 사람은 자라난 가정환경에, 어떤 사람은 공부에, 그 느끼는 분야가 정말 다양합니다. 결국 다른 사람의 기준에 맞추어 자신을 평가하기 때문에 그 사람은 비참해지고, 자신이 무엇인가 잘못되어 있다고 결론을 내려, 자신이 가치 없다는 생각에 이르게 됩니다.

■ 나는 항상 뭘 해도 욕을 먹고 자랐다. 초등학교 4학년까지는 좋았다. 하지만 초등학교 5학년 때부터 뭘 하나 잘못하면 무조건 욕만 먹었다. 집에서는 책 하나라도 안 읽는다고 욕먹고, 부모님 기분이 안 좋을 때는 나를 불러서 화풀이까지 하였다. 심지어 얼마나 억울했으면 친구와 싸운 적이 있다. 중학교 들어가기 전 겨울방학 때는 중학교 공부 미리 해야 한다고 강제로 공부를 했고 하나라도 안 했으면 욕을 먹었다. 아빠는 그 때 무조건 밤 되면 욕을 해서 일찍 자기도 했지만 밤에 억지로 깨워서는 개보다 못난 놈이라고 욕을 먹었다. 나는 그 때 내가 대체 무슨 잘못을 했다고 이러나 하는 생각까지도 했고, 차라리 태어나지 말지 살면 뭐해 하며 자살까지도 생각한 적이 있다. 한 마디로 나는 쓰레기였다. 개학하고 봄방학하고 어느 정도 지난 후 다시 억압과 핍박과 욕을 먹었다. 지금도 엄마 아빠는 내가 뭘 하나 해도 욕을 먹는다. 만약 성적이 안 좋았을 때 집에서 쫓겨나, 개집까지 들어가고 싶은 생각도 든다. 언제나 아빠가 오면 집은 감옥. 아빠는 교도관처럼 항상 매와 욕을 했다. 지금은 나아졌지만, 요번 시험도 망치면 그때는 진짜 죽고 싶은 생각도 든다. 나는 지금도 왜 이렇게 살고 있는 지도 궁금하고 왜 나는 태어나고 왜 이

렇게 됐는지도 궁금하다. (중2, 남)

■ 나는 수도 없이 열등감을 느낀다. 어릴 때는 별로 열등감을 느끼지 못했지만 점점 크면서, 배우고 아는 게 많아지고 더 넓은 곳으로 갈수록 많이 느끼게 되었다. 내가 모르는 것을 남이 알 때 느끼는 사소한 열등감부터, 스포츠 같은 대결 종목에서 실력 차이가 느껴질 때, 어떤 종류든 누군가 나보다 시험을 잘 보았을 때, 남이 나보다 다른 사람을 더 인정해 줄 때, '나는 많은 것을 잘 한다'라고 생각했는데 나보다 더 대단한 사람의 이야기를 들었을 때, 서울 학생들의 이야기를 들었을 때와 같은 자존심과 인정의 문제와, 인기가 많은 아이들을 보며 성격과 외모에 대한 열등감 등을 느낀다. 그리고 운 좋게 좋은 집안에서 태어나 호의호식하는 아이들에게도 열등감을 느낀다. (중2, 남)

■ 저는 저 자신에 대한 열등감이 너무 심해요. 아주 어릴 때부터 저는 엄마랑 아빠가 싸우고 욕하는 모습밖에 본 적이 없고, 집에선 늘 저한테 넌 쓸모가 없다, 왜 태어났냐, 너 같은 건 안 태어났으면 훨씬 좋았을 거다, 네가 할 줄 아는 게 대체 뭐냐, 이런 욕설은 거의 매일매일 반복이었고, 심지어는 제가 특별히 잘못한 것 없이 그냥 방안에 가만히만 있어도 꼴 보기 싫다면서 욕하고, 때리고, 발로 밟고, 글로 쓰자면 정말 한도 끝도 없이 많지만.. 저는 그런 환경에서 거의 방치되다시피 하면서 매일 매일을 두려움에 떨고 밤이면 소리 죽여

서 울고, 그렇게 자라왔어요.

그렇게 커오면서 우울증도 생겼구요. 이런 환경에서 자라서 그런지 사람들 사이에 있으면 눈치를 정말 많이 보고, 길을 가다가 지나가는 사람만 봐도 저 사람은 나보다 훨씬 잘 살고 공부도 잘하고 친구도 많겠지, 하고 생각하고, 학교에 가서도 저보다 나은 애들을 보면서 쟤네들은 예쁘고 착하니까 사람들한테서 사랑도 많이 받고, 결혼도 잘하고, 행복한 인생을 살겠지? 그런데 나는 가진 것도 없고 얼굴도 예쁘지 않고 부모님도 날 사랑해주지 않고 성격도 안 좋으니까 아무도 좋아해주지 않겠구나, 하는 생각에 침울해져요.

한두 명한테만 그러는 게 아니라 모든 사람들을 보면서 저 자신이랑 비교하게 되고, 그러다보니 머리가 터질 것 같은데도 비교하는 걸 멈출 수가 없어요. 제가 그 사람들보다 나은 점을 애써 생각해서 기분이 나아지려고 노력을 해 봐도, 저 자신이 너무 한심해 보이고 무능력하고 밑바닥에 있는 것 같은 기분이 들어서 우울해서 미쳐버릴 것 같아요.. 이런 열등감은 어떻게 극복해야 할까요? 너무너무 살기가 힘드네요..

(고2, 여)

글 ②를 쓴 학생은 이른바 우등생입니다. 공부도 전교에서 최상위권이고 품행도 단정해 누가 보아도 장래가 촉망되는 학생입니다. 그런데 그런 학생이 "수도 없이 열등감을 느낀다"니 놀라울 뿐입니다.

열등감의 반대는 우월감입니다. 열등감이 비교에서 생겨나는 것처럼 우월감도 비교에서 생겨납니다. 열등감을 가진 사람은 자기도 모르게 다른 영역에서 우월감을 가지려고 합니다. 예를 들어 부부 간에도 집안 형편이 안 좋은 남자와 좋은 여자가 결혼했다면, 남자는 여자 집안에 대해 열등감을 갖게 되고, 여자는 남자 집안에 대해 우월감을 가질 수 있습니다. 연애할 때는 그런 문제가 별 것 아닐 수 있지만, 결혼 후 부부싸움 할 때 자칫하면 서로의 상처를 건드려 돌이킬 수 없는 지경에 이를 수도 있습니다.

열등감과 우월감은 동전의 양면과 같습니다. 이를 극복하는 길은 그 동전 자체가 눈속임에 지나지 않는다는 사실을 깨닫는 것입니다. 왜냐면 당신은 열등하지도 않고 우월하지도 않으며 당신은 당신 자신일 뿐이니까요.

열등감을 어떻게 극복하느냐에 따라 인생의 발전을 가져오기도 하고 퇴보를 가져오기도 합니다. 열등감을 긍정적으로 극복할 경우 성장과 발전의 밑거름이 되지만, 그렇지 못할 경우 질투나 자학의 뿌리가 됩니다. 성장기의 좌절 경험, 무기력 경험, 부모의 무관심, 가정환경의 열악함, 신체적 결함에서 오는 문제 등은 열등감을 가져올 수 있습니다. 그리고 비교를 일삼는 우리나라의 생활문화도 열등감과 우월감을 갖게 합니다.

다음과 같은 방법으로 열등감을 해소하면 어떨까요?

- 열등감을 유발하는 원인을 찾아 객관적으로 바라보기.
- 열등감을 자신감으로 바꿀 수 있도록 목표를 세워 실천하기.
- 자신의 장점을 찾아 매일 큰 소리로 말하기.
- 자신의 부족함을 인정하기. (세상 사람은 누구나 다 부족한 면이 있으니까.)
- 주변에 베풀면서 살기. (물질뿐만이 아니라 따뜻한 말, 따뜻한 마음, 재능 등)
- 다른 사람과 비교하지 않기. (비교는 자신을 죽이는 독극물이다!)
- 작은 것, 작은 일에서 행복을 느끼기. (긍정하는 마음 갖기)

06

지나친 걱정

　말을 안 해서 그렇지 사람들은 생각보다 걱정을 많이 합니다. 이 점은 학생이나 어른이나 마찬가지입니다.

　'기우杞憂'라는 말이 있습니다. 기인지우杞人之憂라고도 하는데, 쓸데없는 걱정을 뜻하는 말입니다. '기우'는 『열자列子』의 「천서편天瑞篇」에 나오는 말로, 중국 고대국가 가운데 하나인 기 나라 사람들이 하늘이 무너지고 땅이 꺼질까 봐 전전긍긍했다는 이야기에서 나왔습니다. 이런 말도 안 되는 일로 걱정을 했다니 황당한 일이 아닐 수 없습니다. 그러나 또 원래 고사성어라는 것이 인간의 삶과 심리에서 나온 말임을 감안한다면, 얼마나 사람들이 이런 저런 걱정을 많이 하면 그러한 말이 생겼을까 하는 생각에 고개가 끄덕여지기도 합니다.

　학생들의 글에서도 여러 걱정들이 잘 나타납니다.

■ 나는 쓸데없는 것에도 걱정이 심하다. 사소한 일인데 걱정할 때도 많다. 신발을 벗는 곳에서 실내 안에 있으면 신발이 없어지거나 누가 가져가지 않을까 걱정이 된다. 그래서 항상 신발을 확인한다. 가끔씩은 자다가 지구가 멸망하면 어떻게 될까? 이런 생각을 한다. 밤에 잠을 자기 전에 하품을 많이 해서 눈물을 흘리면 이 눈물 때문에 다음날 눈이 붓지 않을까 이런 생각이 들 때도 있다. (중I, 여)

■ 아직 꿈이 없는 나는 커서 어떤 직장을 잡을지, 만약 직업이 없지는 않을지 걱정된다. 엄마는 나에게 가끔씩 "너는 도대체 커서 뭐가 될 거니?"라고 할 때마다 내 마음이 너무나 무거워서 쿵-내려앉는다. 난 지금 내가 정말 하고 싶은 일들이 참 많다. 여러 가지 악기도 연주해 보고 싶고, 요리도 배워 보고 싶다. 하지만 엄마는 무조건 공부나 잘하라고 날 꾸짖기 바쁘다. 어서 꿈을 찾아서 그 꿈을 목표로 잡아서 이루기 위해 노력도 많이 해야 하고, 언제쯤 정말 내가 하고 싶은 꿈을 찾을 수 있을지, 정말 마음이 푹-꺼지는 것만 같고 우울한 마음밖에 없다. 어쩔 땐 엄마가 돌아가시게 될 때까지 내가 할 일을 찾을 수나 있을지 걱정이 되기도 한다. 엄마는 내가 어떤 일을 해 보고 싶다고 하면 너가 도대체 그 일을 어떻게 하냐고 날 얕보기만 한다. 난 꿈이라는 생각을 할 때마다 우울하고 머리가 지끈거린다. 난 정말 무엇을 하고 싶은 것일까? (중2, 여)

살다 보면 글 ①과 같은 사소한 걱정은 늘 있게 마련입니다. 외출할 때 차를 탔는데 사고가 나지 않을까, 집에 강도가 들어오진 않을까, 수업시간에 숙제를 안 했다고 내쫓기면 어쩌나, 학원에서 늦게 끝나 집에 가는데 괴한이라도 만나면 어쩌지 등등, 우리는 늘 걱정 속에 산다고 해도 지나치지 않습니다.

글 ②는 미래에 해야 할 일에 대해 걱정하는 내용입니다. 글 ①보다 심각하고 지속적인 걱정거리입니다. 무엇을 해야 할지 판단이 서지 않고, 본인이 하고 싶은 것과는 다르게 부모님은 공부만을 강요합니다. 그런 속에서 가운데 자신이 해야 할 일에 대해 걱정하는 것은 당연한 일입니다.

걱정은 여러 가지로 마음이 쓰이는 감정을 의미하며, 불안의 일종으로 볼 수 있습니다.

아래 도표는 어니 젤린스키Ernie j. Zelinski라는 심리학자가 『느리게 사는 즐거움』이라는 책에서 한 말을 표로 만든 것입니다.

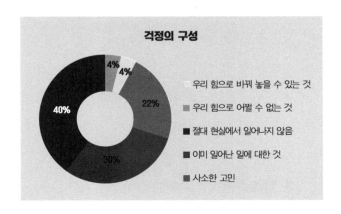

"걱정의 40%는 절대로 현실로 일어나지 않는 일에 대한 것이고, 걱정의 30%는 이미 일어난 일에 대한 것이며, 걱정의 22%는 사소한 고민이고, 걱정의 4%는 우리 힘으로는 어쩔 도리가 없는 것이며, 나머지 4%의 걱정만이 자기 힘으로 바꿀 수 있는 일에 대한 걱정"이라는 것입니다. 아마도 그래서 옛말에 걱정이 많은 사람을 가리켜 '걱정도 팔자'라고 했나 봅니다.

걱정하면 떠오르는 말이 '고민'입니다. 앞서 말한 어니 젤린스키는 말합니다. "고민은 10분을 넘기지 마라."라고. 인생의 태반이 고민거리인데 10분을 넘기지 말라니 황당하지 않나요? 그러나 잘 생각해보면 틀리지 않은 말입니다. 우리가 하는 걱정의 96%가 이른바 쓸 데 없는 걱정이고 정작 4%만이 걱정해야 할 걱정이라면, 고민도 그렇다는 것입니다.

지나친 걱정은 우리의 영혼을 갉아먹습니다. 삶에 활기를 불어넣고 창조적인 일에 쓰일 에너지를 불안과 우울의 구렁텅이에 몰아넣습니다. 계속되는 걱정 근심은 몸의 면역체계를 약화시켜 질병에 취약하게 하기도 합니다.

이렇듯 우리에게 백해무익한 지나친 걱정을 우리는 왜 쉽게 내려놓지 못하는 것일까요?

첫째 이유는 점화효과 때문이라고 합니다. 점화효과란 먼저 제시된 자극에 의해 떠오른 개념이 다음 정보를 해석할 때 영향을 주는 현상을 말합니다. 예컨대 TV나 신문에서 비행기 사고나 차

사고 같은 보도를 보고 나면 비행기나 차를 탈 때 불안한 마음이 배가 된다는 것입니다. 매스컴은 일반 대중에게 끊임없이 경각심을 불러일으키기 위해 부정적인 사건 사고를 많이 다루는데, 그러한 영향으로 사람들은 늘 걱정과 불안을 안고 살게 됩니다.

둘째 이유는 걱정의 악순환입니다. 걱정은 한번 시작하면 꼬리에 꼬리를 물고 일어나는 특성이 있습니다. 불안한 생각이 불안한 마음을 만들고 그 마음이 더 많은 걱정거리를 만들어, 걱정에서 벗어나기가 어렵습니다. 예를 들어 엄마 아빠 사이가 나빠 이혼하게 되면 나는 어쩌지, 누구랑 살게 되나, 엄마 아빠 둘 다 같이 살기 싫다면 나 혼자 살아야 하나, 친척집에 가야 하나, 고아원에 가야 하나, 거기서의 생활을 견딜 수 있을까, 등등.

셋째 이유는 불확실성에 대한 인내가 부족한 경우입니다. 인생은 원래 불확실성의 연속입니다. 우선 당장 한 시간 후 무슨 일이 일어날지 아는 사람은 아무도 없습니다. 차를 타고 가다 한 시간 후 사고가 날 것을 안다면 누구나 그 차에서 내리겠지요. 그러나 알지 못하기에 가다가 사고를 당합니다. 이 말은 곧 우리는 인생의 애매모호함과 불확실성을 잘 견디지 못해 늘 걱정거리를 안고 산다는 것입니다. 그래서 사고가 날 때 나더라도 일단 갈 데까지 가자라는 생각이 인생을 살아가는데 때로는 필요하다는 것입니다.

그렇다면 걱정에서 벗어날 방법은 없는 걸까요?

지나친 걱정은 완벽주의적인 성격에서 오기도 합니다. 주변에서 일어나는 일이나 자기가 하고 있는 일을 너무 잘 하려는 데서 오기 때문에 우선 그런 생각에서 벗어날 필요가 있습니다. 어떤 일을 실수할까 봐, 다른 사람들이 나를 어떻게 볼까 봐 노심초사하는 성격에서 벗어날 필요가 있습니다. 나도 실수할 수 있고, 그건 다른 사람도 마찬가지다, 그러니 남들이 어떻게 보든 나는 내가 하는 일에 최선을 다할 뿐이다 하는 식의 배짱이 필요합니다.

또 시도 때도 없이 걱정이 떠오른다면 그것들을 종이에 적어보는 것도 좋습니다. 그렇게 하면 자기의 걱정을 객관화시켜 볼 수 있습니다. 걱정의 원인이 무엇인지, 실제로 일어날 걱정인지, 해결해야 할 것인지 아니면 그냥 두어도 좋을 것인지 판별할 수 있습니다. 쓸데없이 하는 걱정이라면 과감히 버려야 합니다.

'Don't worry Be happy!'라는 말이 있습니다. 걱정하지 마, 좋아질 거야!, 이런 말입니다. 간단한 말이지만 담고 있는 뜻이 깊은 말입니다. 걱정하는 순간에는 행복할 수 없습니다. 걱정과 행복은 기름과 물 같아서 양립할 수 없습니다. 걱정은 자아가 약할 경우 더 많이 생겨납니다. 자아가 약한 사람은 자기 자신을 사랑할 수 없습니다. 자기 자신을 사랑하지 않으면서 행복을 기대할 수는 없습니다.

걱정을 아예 안 할 수는 없습니다. 걱정은 앞으로 일어날 일에 대해 미리부터 준비하고 대책을 마련하라는 뜻에서 좋은 일이기도 합니다. 이처럼 걱정은 생산적인 측면을 갖기도 하지만 그러나 그것이 너무 지나칠 경우 문제가 됩니다.

수줍음

지나친 걱정과 함께 사람들이 많이 겪는 감정으로 수줍음이 있습니다. 수줍음이란 낯선 사람들을 대할 때 두려움을 갖고 소심해하거나 불안해하는 것으로 자신을 제대로 표현하지 못하고 부끄러워하는 것입니다.

수줍어하는 사람은 자주 다른 사람을 피하려 하고, 여러 가지 일에 내성적이고 잘 나서지 않으며 부끄러워합니다. 그래서 사람들은 그 사람의 존재를 잊거나 관심을 주지 않게 됩니다. 또 남을 성가시게 하거나 문제를 일으키는 일이 거의 없고, 혼자 떨어져 있기를 원하기 때문에 이런 상황은 점점 더 깊어집니다.

수줍음을 잘 타는 사람은 타인을 믿으려 하지 않으며, 쉽게 화를 내고, 다른 사람과 친숙한 접촉을 회피합니다. 수줍음을 타는 사람이 의외로 많으며, 대략 40%의 십대와 성인들이 스스로 부끄럼을 많이 타고, 다른 사람들과의 관계에 만족하지 못한다고 합니다.

수줍음이 많은 사람은 때때로 사회 생활하는 기술이 부족하기도 합니다. 그들은 다른 사람에게 흥미를 갖지 않으며, 그러다보니 타인과 교류하지도 않고, 공감하지도 관심을 보이지도 않습니다. 이런 현상은 다른 사람으로 하여금 그들의 좋은 자질을 보지 못하게 하고, 학교나 사회생활에서 아주 힘든 상황을 가져다줍니다.

그럼 여기서 수줍음을 나타내주는 학생의 글과 그림을 살펴보겠습니다.

■ 나는 아직까지 수줍음의 뚜렷한 정의를 알지 못한다. 하지만 수줍음이라는 것은 떨리고 부끄러워 볼에 홍조를 띠는 그런 것이라 생각한다. 사람을 처음 만날 때, 아무 말도 못하고 우물우물 친해지고 싶은데 말을 걸까 마음속으로 이런 고민을 하는 것도 수줍음의 일부라 생각한다. 또 상대가 나에 대해 이것저것 물어 볼 때도 수줍어진다. 나! 수줍음 많은 여자에요! 라고 말하고 싶을 때가 많다. 수줍음도 사람의 매력이라고도 표현할 수 있다. 수줍음 많은 사람은 귀엽다고 할 수 있다. 이것을 보아도 알 수 있다. 단지 볼에 홍조를 띠어 발그레한 볼을 그렸는데도 더 귀여워졌다. 하지만 수줍음 많은 사람들은 여간 불편한 게 아니라고 한다. 음식점에 가 보아도 마음대로 이것저것 시키지 못하고 가만히 앉아 있는 것하고, 좋아하는 사람에게 고백 한 번 하지 못하고 있을 것이다. 나는 수줍음이 많은 이들에게 한마디하고 싶다. "자신에게 당당하고 자랑스러워하세요! 그리고 먼저 한

발 한발 사람들에게 다가가세요! 그것이 당신의 수줍음을 극복하는 계기가 될 테니!" (중2, 여)

(중2, 남학생)

(중2, 남학생)

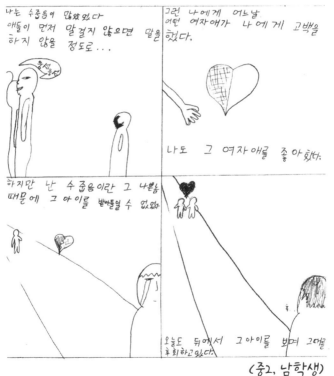

나는 수줍음이 많았었다 애들이 먼저 말걸지 않으면 말을 하지 않을 정도로...

그런 나에게 어느날 어떤 여자애가 나에게 고백을 했다,

나도 그 여자애를 좋아했다.

하지만 난 수줍음이란 그 나쁜놈 때문에 그 아이를 받아들일 수 없었다.

오늘도 뒤에서 그 아이를 보며 그때를 후회하고있다.

(중2, 남학생)

글 ①에는 여러 가지 수줍음의 현상, 극복 방안까지 제시되어 있습니다. 그리고 같은 수줍음이라도 그림 ②와 ③은 서로 다르다는 것을 느낄 수 있습니다. 그림 ②는 말이나 행동의 일시적인 실수로 부끄러워하는 모습임에 비해, 그림 ③은 수줍음이 지나쳐 매사에 활기를 잃고 우울한 감정에 빠져 있는 모습입니다. 반면에 그림 ④에는 수줍음으로 인해 이성 친구를 사귈 수 있는 절호의 기회를 놓쳐 아쉬워하는 모습이 잘 나타나 있습니다.

수줍음을 많이 타면 어떤 일을 과감하게 추진하거나 다른 사람 앞에서 안정감을 느끼지 못합니다. 타인에게서 오는 긍정적인 반응 부족과 그 반응을 경험하지 못함으로 인해 그들은 더욱 부끄럼을 타게 되는 악순환을 겪게 됩니다.

그렇다면 왜 이런 수줍음을 느끼게 될까요? 수줍음은 기질 탓으로 생기는 경우가 많다고 합니다. 아기 때 낯가림이 아주 심하거나 부모 중 특히 엄마가 수줍음을 잘 탈 때 아이들이 수줍음을 잘 타는 경우가 많다고 합니다.

이런 기질적인 경우도 있지만 또 수줍음은 아이를 기르는 부모의 양육방식에서도 문제가 있습니다.

첫째는 과잉보호입니다. 어려서 부모에게 과잉보호 받은 사람은 활동성이 없고 의존적이게 됩니다. 자라면서 여러 모험을 해봐야 하는데 조용하고 수동적으로 길러져 다른 사람 앞에서 부끄럼을 타게 됩니다. 그들은 다른 사람과 많이 어울릴 기회를 갖지 못해 나중에 자라서도 상호교류하지 못합니다.

과잉보호뿐만 아니라 부모의 무관심도 수줍음을 불러옵니다. 부모의 무관심은 아이의 독립심을 기르기보다는 소심하고 부끄러움을 많이 타는 성격을 갖게 합니다.

공개적으로 아이를 야단치거나 애매하게 아이들을 비판하는 부모 밑에서 자란 아이도 소심해져 수줍음을 많이 탑니다. 형제나 친척 여러 사람 앞에서 야단을 맞거나, 야단을 맞는데 왜 야단을 맞는지 뚜렷한 이유 없이 야단을 맞고 자란 아이는, 때때로 어른들로부터 부정적인 대답을 들음으로써 주저하고 불확실하고 수줍어하게 됩니다.

이외에 놀림을 많이 받거나 아이를 대하는 부모의 태도가 일관성 없이 기복이 심한 경우, 그리고 열등감 등이 수줍음을 키웁니다. 집이 가난하다든가 부모 가운데 한 분이 없다든가, 부모 사이가 좋지 않다든가, 몸에 어떤 결함이 있다든가, 허약하다든가, 공부를 못한다든가, 가족 중 장애인이 있다든가 하는 여러 가지 이유가 청소년기 예민한 학생을 수줍음이 많은 아이가 되게 합니다.

수줍음을 극복하기 위해서는 무엇보다 본인의 노력이 중요합니다. 글 ①에 제시되어 있는, "나는 수줍음이 많은 이들에게 한마디 하고 싶다. '자신에게 당당하고 자랑스러워하세요! 그리고 먼저 한발 한발 사람들에게 다가가세요! 그것이 당신의 수줍음을 극복하는 계기가 될 테니!'"라는 학생의 말 속에 수줍음을 극복할 수 있는 방법이 들어 있습니다.

우선 불안을 극복하라고 말하고 싶습니다. 어떤 상황에서 수줍음을 느끼면 맥박이 빨라지고 얼굴이 달아오릅니다. 말을 더듬게되고 심하면 머릿속이 하얘져 아무 생각도 나지 않습니다. 그럴 때는 긴장을 이완시키는 자기 나름대로의 방법이 있어야 합니다. 숨을 깊이 들이마시고 내쉬는 간단한 호흡도 도움이 됩니다. 가운데 손가락을 가만히 쥐고 자신의 맥박을 느껴보세요. 마음이 한결 차분해질 것입니다. 또 어떤 만남이나 모임에서 이런 불안을 경험한다면 잠시 그대로 그 자리에 머물러 있으세요. 불편함을 이기지 못해 그 자리에서 도망쳐 나온다면 수줍음의 악순환을 피할 수 없게 됩니다.

대화할 때 상대방의 얼굴을 보고 말해 보세요. 그러면서 미소를 띤다면 더 좋을 것입니다. 대화할 때 얼굴을 찡그리거나 발끝을 내려다보고 있으면 수줍음은 더 깊어집니다. 사소한 대화를 조금씩 해보는 것도 도움이 됩니다. 같은 반 친구에게 내가 먼저 말을 걸어보거나, 시장에서 물건 파는 사람과 일상적인 짧은 대화를 가볍게 해보는 것도 도움이 됩니다.

수줍음을 타는 사람은 칭찬을 못합니다. 누구를 칭찬하지 못할 뿐만 아니라 자기에게 하는 칭찬을 쉽게 받아들이지도 못합니다. 칭찬은 사람을 기분 좋게 해 여러분과 대화하는 것을 좋아하게 만듭니다. 칭찬해 보세요. 그냥 한두 마디. "너 달리기 잘하던데."

"너 춤 잘 추던데." "야, 옷이 예쁘다." 수줍음을 타는 사람은 또 칭찬을 쉽게 받아들이지 못합니다. 여러분들은 다른 사람이 여러분을 칭찬하면 어떻게 하나요? 겸손이 지나쳐 "아이, 뭘요." "아뇨, 그냥." 이러면서 얼굴을 붉히고 머리를 긁고 몸을 배배꼬지 않나요? 그럴 필요 없습니다. 그냥 "고맙습니다, 감사합니다." 이렇게 한 마디 하면 됩니다.

수줍음 극복을 위해 두 가지만 더 말하겠습니다. 하나는 나쁜 상상을 하지 말라는 것, 그리고 다른 하나는 성취감을 경험해보라는 것입니다. 모든 상황에서 수줍음이 많은 사람은 일이 잘못되면 어떡하지? 하는 나쁜 상상을 많이 합니다. 그러나 일이 좀 잘못된다고 해서 세상이 망하는 것은 아닙니다. 마음을 느긋하게 갖고 타인을 대하십시오. 말을 급히 하지 않아도 서두르지 않아도 됩니다. 내가 하고 싶은 말을 천천히 상대방을 바라보면서 하면 됩니다.

성취감을 경험해 보는 것도 수줍음 극복에 많은 도움이 됩니다. 작은 일이지만 스스로의 힘으로 무언가를 이루었을 때 느끼는 성취감은 다른 사람과의 관계에서도 자신감을 가져다 줍니다.

학습부진

학생들의 가장 큰 고민 가운데 하나가 공부입니다. 공부로 인한 고통은 이루 다 말로 표현할 수 없습니다. 이는 아이를 둔 학부모들도 마찬가지입니다. 우리나라와 같은 학력사회*, 경쟁사회에서 공부를 잘하느냐 못하느냐 하는 것은 그 사람이 어떤 인생을 살게 되느냐 하는 문제와 직결되기 때문입니다.

다음 글은 학습부진을 주제로 한 학생의 글입니다. 먼저 읽어볼까요?

학력사회
어떤 사람의 사회적 지위를 결정하는 요인 가운데 학력의 비중이 상대적으로 큰 사회이다.

■ *어떡해, 어떡하지?*

중간고사다.

어떡해. 어떡하지?

국어성적 떨어졌다.

어떡해.. 어떡하지?

2번 땡, 5번 땡, 7번 땡... 점수는 40점 이하

기말고사다.

어떡해. 어떡하지?

한문시험 망쳤다.

어떡해. 어떡하지?

OMR 카드에 객관식 체크 안했다. 평점은 가

영어 평가다.

어떡해. 어떡하지?

듣기평가 못 들었다.

어떡해. 어떡하지?

할 수 없지 뭐.

이번 실수를 계기로

다음번엔 잘하는 수밖에. (중2, 여)

■ 저도 학습부진이다. 열심히 해도 안 된다. 그 열심히 하는 것도 모

르고 공부 좀 해라, 넌 공부 하냐?, 라고 할 때마다 스트레스가 쌓이고는 한다. 어떤 때는 그런 것 때문에 죽고 싶을 때도 있고, 울음 나올 때도 있다. 또 열심히 아주 열심히 했는데, 성적도 안 나온다. 나는 열심히 했다고 하지만 친구, 가족은 안 알아준다. 나는 열심히 해서 성적 올린다고 올렸는데, 다른 애들 더 잘하고, 정말 싫다. 또 이렇게 성적을 올리라고 부모님 자극 줘서 부담이 되어 열심히 한대도 실수로 망치기도 한다. 그때마다 죄송하긴 하지만 나도 짜증난다. 부모님 말씀은 내가 열심히 안했다고 하지만 나 자신은 정말 열심히 했다. 그것도 몰라주고 혼내기만 하고 정말 싫다. 혼나고 또 열심히 해야지 하고 열심히 했는데 성적은 또 안 나오고 정말로 슬프고, 짜증도 나고, 괴롭다. (중2, 남)

글 ①은 시험 본 후 나온 점수를 보면서 안타까워하는 모습입니다. 과목마다 공부를 안 해서, 실수해서, 시험을 망쳤습니다. 그래도 이 학생은 건강한 마음을 지니고 있습니다. "할 수 없지 뭐. // 이번 실수를 계기로 / 다음번엔 잘하는 수밖에."라고 자신을 위로합니다. 아마도 이 학생은 인생은 시험의 연속이며, 한두 번의 실수는 언제나 있게 마련이고, 앞으로 잘하면 된다는 마음을 가지고 있는 듯합니다.

글 ②는 글 ①에 비해 읽는 이의 마음을 더 아프게 합니다. 한마디로 열심히 공부했는데 성적이 안 나와 미치겠다는 내용입니다.

부모님으로부터 공부하라고 닦달을 받아 "열심히 아주 열심히" 했는데, 성적이 안 나와 죽고 싶기도 하고 울음이 나오기도 합니다. 정말 한번만이라도, 아니 조금이라도 이 학생의 성적이 올랐으면 하는 마음이 간절해집니다.

학습부진이라는 말과 비슷한 개념으로 학습장애, 학습지진이라는 말이 있습니다. 서로 비슷하지만 완전히 다른 개념입니다. 이것을 알기 쉽게 설명하기 위해 영어로 말해 보겠습니다. 학습부진은 learning underacheivement입니다. 학습이 아직 이루어지지 않았다는 말입니다. 그러니까 가정환경이나 공부 방법 등 환경이 개선된다면 곧 학습을 이룰 수 있다는 것입니다. 학습장애는 learning disability입니다. 어떤 요인으로 인해 학습이 거의 불가능하다는 뜻입니다. 학습지진은 slow learner, 학습의 성과가 매우 느린 것입니다.

일반적으로 학교에서 공부로 인해 스트레스를 받는 많은 학생들의 경우 학습부진에 해당됩니다. '학습'을 주제로 살펴보는 이 글에서 제목을 학습장애라고 하지 않고 학습부진이라고 한 것도, 이른바 공부 못하는 많은 학생들이 학습 '장애'가 아닌 학습 '부진'에 해당하기 때문입니다. 그러니 미리부터 공부를 못한다고 하여 나는 학습장애가 아닌가 걱정할 필요는 없습니다.

학습부진은 가정불화나 가난 같은 사회 환경 요인으로, 그리고 강박감, 불안, 우울 같은 정서적 요인으로 자신의 지적 능력만큼 학습 성과를 올리지 못하는 것을 말합니다. 이른바 머리는 괜찮은데 학교 성적이 안 좋은 경우가 여기에 해당됩니다. 지능검사 등을 통해 객관적으로 알아보는 방법이 있겠지만, 일반적으로 가정에서 다른 자녀와 비교하거나, 학교에서 학업성적이 현저히 떨어지는 경우 학습부진아라고 이야기합니다.

학습장애의 주된 원인으로는 뇌 손상에 의한 기능 장애나 유전, 뇌의 불균형한 발달, 사회 환경적 요인을 들 수 있습니다. 주의집중을 제대로 못하고 얼렌 증후군*을 보이거나, 지적 능력은 보통 혹은 그 이상인데도 특정과목에서 성적이 현저하게 떨어지는 경우입니다.

학습장애 학생은 초기 발달의 지연이나 주의력, 기억력, 추론, 운동, 의사소통, 읽기, 쓰기, 계산, 사회적 능력, 감정 성숙 등과 같

> **얼렌 증후군**
> 미국의 심리학자 헬렌 얼렌Hellen Irlen이 발견하여 명명된 것으로, 시신경세포 중 움직이는 물체, 공간, 위치를 파악하는 신경 세포의 크기가 작거나 불완전하여 이상을 보이는 증상. 안과 진단으로 대부분 교정이 가능하다.

은 영역에서 어려움을 보입니다. 학습장애 학생은 특수교육 대상으로, 선천적인 문제이기 때문에 완전히 예방하는 것은 불가능하지만, 조기에 발견해 도움을 준다면 많은 경우 문제를 줄일 수 있습니다. 일반적으로 학습장애가 있는 학생은 '느리다', '공부를 못한다.' '아무리 가르쳐도 알아듣지 못한다.', '멍청하다' 등의 부정적인 이야기를 들으며 자신감이 없어집니다.

학습지진은 지능이 낮아 학습에 어려움을 보이는 것으로, 경계

경계선 지능

경계선 지능은 지능이 85 이
상 되지 못하고 71~84의 지
능지수를 갖는 경우를 말한
다. 여기에 해당하는 아동은
학업을 따라가기 어렵고 일
상생활의 여러 분야에서 조
금씩 기능이 떨어지는 모습
을 보인다. 읽기나 수학뿐 아
니라 사회 적응과 소통에 이
르기까지 여러 어려움을 보
인다.

선 지능*에 해당하는 아이들이 이에 속합니
다. 경계선 지능 학생은 공부를 못하기에 부
모나 교사의 도움의 손길이 미치지 못하는
경우가 많습니다. 사고와 운동의 속도에 문
제가 있으며, 일반 아이들의 학습 속도나 방
식을 따라가기가 힘듭니다. 교육 효과가 떨
어질 뿐 아니라 학습과 생활에 전반적으로
어려움을 겪게 됩니다.

그렇다면 왜 이런 학습부진이 생겨날까
요?

학습부진의 원인으로 우선 학습장애가 있습니다. 학습장애가
있다면 당연히 학습에 부진을 보이겠죠. 그 다음 주의력결핍장애,
정서장애, 품행^{행동}장애 등이 있습니다. 주의력 결핍장애는 앞서
말한 ADHD를 말하는 것이고, 정서장애는 인간은 정서가 불안정
하면 그와 관련된 문제에 에너지를 쏟느라 현재 수행 중인 과제에
상대적으로 주의를 기울일 수 없기 때문에 학습 능력이 떨어지는
것을 말합니다. 공포증, 불안증, 우울증, 과도한 신체불평 등의 원
인에 의해 학습에 지장을 줄 정도로 정서적인 문제를 보이는 경우
를 말합니다.

품행장애 학생의 특징은 다른 사람들의 감정이나 느낌에 무감
각한 증세를 보이며, 모호한 상황에서는 타인이 자신을 위협한다

고 느껴서 선제공격하는 행동을 보이기도 합니다. 잘못을 저질러 놓고도 그에 대한 반성이나 죄책감을 느끼지 못하고, 잘못을 남의 탓으로 돌리기 일쑤이며, 쉽게 흥분하고 쉽게 화를 내는 경향이 있습니다. 이러한 학생은 싸움, 절도, 음주, 흡연, 본드 등 약물남용으로 정학이나 퇴학을 당하기 일쑤입니다.

학습부진 학생인 경우 에듀플렉스 이병훈 소장은 다음과 같이 학생 내부에 원인이 있는 경우와 외부에 원인이 있는 경우로 이야기합니다.

우리가 흔히 어떤 아이가 공부를 못하다고 할 때 그 원인이 어디에 있는지, 아래 내용 가운데 체크해 보기 바랍니다.

<학생 내부에 있는 경우>
머리가 안 좋은 경우 / 어려서부터 공부를 잘 한다는 이유로 칭찬 받아 본 경험이 없는 경우 / 노는 게 더 좋은 경우 / 시험을 못 본 경험으로 인한 자신감 결여 / 적절한 시기에 적절한 교재나 강의를 접하지 못한 기회 결여 / 학교생활 적응 실패 / 잘못된 교우관계 / 갑작스런 학업성취도 저하 경험 / 진학실패 경험 / 게임이나 판타지 소설 등에 중독된 경우 / 지나친 취미 활동 / 공부에 대한 필요성 인식 부재 / 왕따 경험 / 노력이 부족한 경우 / 사춘기 방황 / 외국 거주 경험 / 목표의식 부재 / 잘못된 공부법 / 잘못된 공부 습관 / 절대

공부 량 부족 / 과도한 사교육 / 지나친 선행학습 / 벼락치기 습관 / 의지력 부족 / 성격이 지나치게 느긋한 경우 / 잡념이 많아서 집중을 못하는 경우 / 지구력이 부족해서 오랫동안 공부하지 못하는 경우 / 시험에 대한 적응력 부족이나 두려움 / 실천력 부족이나 게으른 성격 / 이해력이 떨어지는 경우 / 암기를 효과적으로 못하거나 구조화 하지 못하는 경우 / 공부 내용 중 중요한 게 무엇인지에 대한 감각이 떨어지는 경우 / 공부 내용을 정리하지 못하는 경우 / 무기력증에 빠진 경우.

<학생 외부에 있는 경우>
부모님의 기대치가 낮은 경우 / 맞벌이 부부로 인한 관심 부족 / 학교 선생님의 낮은 기대치 / 학교 수업방식이 맞지 않는 경우 / 부모의 지나친 기대 (실력이 안 되는데 특목고를 준비시키는 경우 등) / 부모의 이상 성격 / 형제 간 지나친 격차 / 지나치게 유복한 가정환경 / 지나치게 궁핍한 가정환경 / 강압적인 부모(체벌 등) / 자녀 간 비교.

너무 집안이 부유하여 자극을 받을 일이 없어 무기력증에 빠져있어도 학습부진일 때가 있습니다. 물론 그 반대인 경우도 있습니다. 무슨 일인가를 스스로의 힘으로 이룬 경험이 없어서 자신감이 떨어져 그런 경우도 있습니다. 잘못된 공부 습관과 공부 방법, 강압적인 부모, 지나친 사교육으로 인한 공부시간 부족, 부모의 지나친 간섭, 이런 많은 이유들이 학생을 학습부진에 빠지게 합니다.

학습부진에서 벗어나기 위해서는 그 원인이 무엇인지를 먼저 파악하여 개선하려는 노력이 필요합니다. 학생과 부모가 함께 문제를 해결하려는 자세가 필요하며, 필요하다면 전문가의 상담을 받는 것이 좋습니다. 일반적으로 지능이 보통 또는 그 이상이고, 학습에 지장을 줄 신체적 생리적 결함이 없는데 학습에 부진을 보인다면, 가정의 결손이나 다른 문제가 있어서 그런 경우가 많으니 환경을 바꿔볼 필요가 있습니다.

아래 내용은 일반적으로 학습부진을 겪는 학생들이 가장 많이 하소연하는 사례입니다. 이 글을 읽는 분들에게 도움이 될 것 같아 소개합니다.

<공부 내용 중에 무엇이 중요한지 알지 못해, 공부는 많이 하지만 성적이 안 나오는 경우>
학습부진을 느끼는 학생들 중에 공부를 많이 하면서도 성적이 안 나오는 학생들이 있다. 여러 가지 이유가 있을 수 있지만 대표적으로 배운 내용 중에 무엇이 중요하고 시험에 나올지 감이 떨어지는 학생들이 있다. 당연히 같은 시간을 공부해도 결과가 천지차이일 수밖에 없다. 이런 경우 학습목표를

활용하거나 공부가 끝나면 시험문제를 스스로 내보도록 하는 방법, 또는 스스로 요점정리를 하도록 한 후 자습서의 요점정리와 비교해 보는 방법, 혹은 애벌로 공부하도록 하고 문제를 먼저 풀도록 하여 공부한 내용이 어떻게 문제화 되고 어떤 내용이 중요한지 감을 익히도록 하는 방법 등을 복합적으로 써야 한다. 이런 감각은 단기간에 길러지지 않지만 한번 획득하면 엄청난 힘을 발휘하게 된다. 특히나 학교나 학원의 수업시간에 선생님이나 강사가 중요한 것으로 지목한 내용을 잘 필기하고 공부하는 것은 기본 중에 기본일 것이다.

거짓말

사람이 세상을 살면서 한 번도 거짓말을 하지 않는 사람이 있을까요? 만약 그런 사람이 있다면 그 자체가 거짓말일 것입니다. 거짓말은 어려서부터 성인이 된 이후까지 어쩔 수 없이, 혹은 고의적으로 하게 됩니다.

성경 창세기에도 아담과 이브의 거짓말이 나옵니다. 오죽 인간이 거짓말을 많이 하면 성경 창세기에서부터 거짓말하는 인간의 모습이 나오나 싶을 정도입니다.

하느님께서 세상을 창조하실 때 진흙으로 인간을 빚어 아담을 만드신 후 아담의 갈빗대를 가지고 이브를 만드셨습니다. 아담과 이브를 에덴동산에서 살게 하면서 하느님은 동산에 있는 나무의 열매 즉 선악과를 따 먹지 말라고 합니다. 그러나 이브가 뱀의 유혹에 못 이겨 먼저 선악과를 따먹고, 그 다음 아담에게도 따 먹으라고 합니다. 결국 이 일로 인해 아담과 이브는 하느님의 진노를 사게 되는데, 그들은 자신의 행동에 대해 책임을 지지 않고 거짓 말을 하며 서로에게 잘못을 떠넘깁니다. 진실을 말했다가는 하느님의 진노를 사 어떤 벌을 받을지 모르기 때문에 허위를 진실처럼 위장하여 아담은 이브에게 책임을 미루고, 이브는 뱀에게 책임을 미룹니다.

미켈란젤로 〈아담과 이브의 유혹과 추방〉

거짓말이란 진실이 아님을 알면서도 진실인 것처럼 말하는 것입니다. 성장기에 있는 아동들은 주로 6~7세 정도에, 그리고 사춘기 무렵에 거짓말을 많이 합니다. 하기 싫은 일을 해야 할 때, 남에게 무엇인가를 과시하고 싶을 때, 동화와 같은 상상력의 주인공이 되고 싶을 때 거짓말을 합니다. 또 어린 아이들은 자기 집이 가난하지만 부자라고 말하고 싶어서, 공부를 못하는 아이가 공부를 잘한다고 자랑하고 싶어서 거짓말을 합니다. 열등감을 감추기 위해,

위급한 상황을 모면하기 위해, 어른들에게 잘 보이기 위해, 다른 사람에게 상처를 주기 위해 거짓말을 하기도 합니다.

이럴 때 어른들은 무조건 아이를 야단쳐 기를 죽이면 안 됩니다. 또 아이가 거짓말을 할 때 모르는 척 덮어두는 것도 좋지 않습니다. 아이들이 거짓말을 할 때는 어떤 의도에서 하는 거짓말인지 구분해야 합니다. 좋지 않은 의도에서 하는 거짓말인 경우 왜 그런 거짓말을 하는지 알아본 다음 문제가 되는 원인을 해결해야 합니다. 거짓말을 지도할 때 어른은 거짓말 하는 아이의 행동과 인격을 동일하게 생각하여, 아이를 인격적으로 나쁜 아이로 몰고 가는 경향이 있는데 이는 바람직하지 않습니다.

또 어린 아이들은 자기만의 세계에서 노는 상상을 즐기며, 그 결과 허무맹랑한 거짓말을 할 수도 있기 때문에, 이런 경우 거짓말은 나쁜 것임을 가르쳐 주고, 자기 생각임을 밝히면서 이야기하도록 유도하면 상상력이 더욱 풍부해집니다.

그러나 초등학교 고학년이 되어도 습관적으로 계속 거짓말을 하거나 남을 해치려는 의도로 거짓말을 한다면 더 문제가 깊어지기 전에 원인을 밝혀 교정해주는 것이 필요합니다. 습관적으로 하는 거짓말에 적극 대처하지 않을 경우 청소년기 이후 무단결석, 약물남용, 공격적 행동이나 반사회적 행동과 같은 문제 행동으로 이어질 수 있기 때문입니다.

청소년기 거짓말은 부모를 더욱 당혹스럽게 합니다. 청소년기

비밀은 많은 경우 친구끼리는 서로 공유하지만 부모하고는 공유하지 않습니다. 그러다 보니 많은 일에 거짓말을 해야 합니다. 이는 또래끼리 어울리면서 부모로부터 독립을 이루려는 심리적인 이유에서, 그리고 실제로 어른들은 잔소리나 하는 '꼰대'로 인식되어, 청소년기 학생들의 문제 해결에 별로 도움이 되지 않기 때문입니다.

폴 에크만이라는 심리학자는 인간이 거짓말을 하는 동기를 다음과 같이 정리하고 있습니다.

- 벌을 면하기 위하여.
- 거짓말을 해서라도 가능한 어떤 것을 얻기 위하여.
- 곤란에 처한 친구를 보호하기 위하여.
- 자신 혹은 타인이 피해 입는 것을 방지하기 위하여.
- 타인의 존경이나 관심을 사기 위하여.
- 난처한 상황을 피하기 위하여.
- 프라이버시를 지키기 위하여.
- 자신의 힘을 과시하기 위하여.

위 동기들 중 주목할 만한 것으로 '곤란에 처한 친구를 보호하기 위하여'와 '프라이버시를 지키기 위하여'를 들 수 있습니다. 비행을 함께 저지른 후 그 비행을 감추거나, 그 일에 연루된 친구를 보호하기 위하여 청소년들은 거짓말을 많이 합니다. 또 청소년에게도 나름대로의 세계가 있고 그것을 지키고 싶은 프라이버시가 있다는 것입니다.

다음은 거짓말에 대해 이야기하는 학생의 글입니다.

■ 나는 거짓말을 칠 때가 참 많다. 요즘에 한 거짓말 중 제일 심한 거짓말. 내가 학교에 가서 아빠한테 먼저 전화를 해서 아빠랑 이야기하고 학교에서 나와 놀았다. 그런 후 집에 가서는 엄마한테는 평소처럼 학교 갔다 왔다고 거짓말을 쳤다. 다음날 엄마가 알고, 나는 집에서 쫓겨났다. 밤 11시 넘어 집에 들어갔더니 엄마가 문 열어 주면서 울고 있었다. 미안했다. 두 번째는, 문제집 산다고 거짓말 쳤을 때다. 과학 문제집을 하나 주웠다. 이름이 안 써져 있어서 내가 가졌다. 그리고 엄마한테는 학교에서 7,8교시 하니까 돈을 달라고 하고 영어 사회는 직접 사고, 과학 살 돈을 내가 가졌다. 양심에 좀 찔렸다.^^ (중2, 여)

■ 거짓말? 나 엄청엄청 잘하고 또 그만큼 엄청엄청 많이 해. 너는 모르지? 나와 거짓말은 한 몸이야. 난 하루에 2~30번씩은 거짓말을 할 거야. 내가 하는 말은 전부 거짓말이거든. 잔머리도 얍샵해. 금요 예배 날 엄마 아빠가 교회로 예배 보러 가자고 하면 해야 할 숙제가 많다고, 힘들고 바쁘다고 해. 그럼 집엔 밤 11시까지 나 혼자

남지. 그럼 얼른 집으로 친구들을 불러. 나와 친구들은 냉장고에 있는 식량을 모조리 남김없이 야작내고 컴퓨터를 켜서 음악을 크게 틀고 춤을 춰. 이불을 깔고 날아다니기도 하지. 웹툰도 봐. 근데 나는 몰래 컴퓨터를 할 땐 문제집을 책상 위에 펼쳐 놓고 냉장고에 넣어둔 수건을 컴퓨터 본체 위에 올리고 컴퓨터를 해. 마지막에는 기록 삭제를 해. 아빠 휴대폰을 몰래 몇 시간 동안 쓸 때는 휴대폰 케이스를 빼고 하다가 아빠가 부르면 다시 케이스를 끼워. 열이 난 것을 모르게 하기 위해서야. 나 진짜 똑똑하지? 엄청 많아. 거짓말한 적. 내 생활은 거짓말로 시작해서 거짓말로 끝나. 그런데 그거 아냐? 이 이야기도 거짓말일 수 있다는 거. 날 믿지 마. 그럼 빠이~. (중2, 여)

글 ①은 아빠를 이용해 학교에서 나와 놀다가 엄마에게 들통 난 이야기입니다. 그래도 "미안했다, 양심에 좀 찔렸다"고 하는 것을 보니 자신의 행동에 자책감이 드나 봅니다. 글 ②는 한마디로 거짓말이 난당인 상태입니다. 난당이란 어찌할 수 없어 당해내지 못한다는 뜻입니다. 그야말로 처음부터 끝까지 모든 것이 거짓말이라 어찌할 수 없다는 것입니다. 그런데 가만 보면 또 그렇지만도 않습니다. 글에 나와 있는 세부 내용이 실제로 해보지 않고서는 쓸 수 없는 것들이기 때문입니다. 이 글을 쓴 학생은 실제로 거짓말을 달고 사는데, "이 이야기도 거짓말일 수 있다는 거"라는 맨 마지막에 한 줄을 슬쩍 던져놓음으로써 마치 자기는 거짓말을 안

하는 사람이며, 글의 내용을 장난으로 그렇게 썼다는 느낌을 갖게 합니다.

청소년들이 가장 많이 하는 거짓말은 음주, 흡연, 이성교제, 비행, 용돈, 학교생활에서의 여러 일 등입니다. 청소년들은 어떤 일에 부모가 개입하는 것을 싫어하며, 그래서 결국 부모를 속이기 위해 거짓말을 합니다. 최악의 상황을 감추기 위해 부모를 완벽하게 속이려 하며, 부모를 기분 나쁘게 할 세부 내용을 감추기 위해, 부모가 아예 물어볼 생각도 하지 못하게 거짓말을 합니다. 그리고 이는 공부를 잘하는 모범생도 마찬가지입니다.

청소년들이 부모에게 거짓말 하는 이유는 '부모님이 나에게 실망할까 봐', '부모님과의 관계가 깨질까 봐' 등입니다. 청소년은 부모와 관계도 잘 유지하면서 일탈도 하고 싶은 그런 존재입니다.

그렇다면 청소년기 왜 더 거짓말을 하게 될까요? 십대 청소년들은 다른 연령대에 비해 일상을 특히 지루하게 느낍니다. 많은 학생들이 학교 학원 과외의 단순한 생활을 하고 있고, 그것도 그나마 자신이 원해서 하는 것이 아닌 부모가 정해 준 것을 따르기만 하는 수동적 생활을 하고 있습니다. 이렇게 부모의 통제가 심할수록 학생은 더 지루함을 느껴 일탈적인 행동을 하게 되고, 그러다 보면 거짓말을 하게 됩니다.

또 십대 청소년기 두뇌는 미미하거나 평범한 자극에는 좀처럼 즐거움을 느끼지 못한다고 합니다. 외부에서 오는 자극이 강렬할

수록 뇌에서 느끼는 즐거움도 배가되는데, 이는 마약중독자의 뇌 작용과 비슷합니다. 마약중독자들이 처음에는 적은 양으로 시작하지만 시간이 지나 쾌감을 느끼려면 많은 양의 마약을 필요로 하는 것과 같은 이치입니다.

요즘 부모들은 청소년기에 이른 자녀들이 직접적으로 반항할까 봐, 혹은 탈선하여 잘못된 길로 갈까 봐 심각하게 고민합니다. 그리고 그런 아이들에게 쉽게 발견되는 것이 거짓말입니다. 실제로 '중2병'이라는 말이 있을 정도로 14-15세에 이른 학생들은 부모(어른)의 권위에 심하게 반항하고, 거짓말도 부지기수로 합니다. 그렇다면 청소년기에 있는 자녀(학생)을 어떻게 지도해야 할까요?

여기서 한 가지 '자율성'에 대해 말씀드리고 싶습니W다. 자율성이란 외부의 구속이나 제약을 받지 않고 자기 행동을 스스로 제어하는 것입니다. 자율성은 인간만이 가질 수 있는 특성입니다. 다른 동물에게는 자율성이 없습니다. 자율성을 침해당하면 인간은 수치심을 느끼며 존재 가치를 잃게 됩니다. 자율성이 침해된 사람은 자기 목숨을 끊음으로써 항의하기도 합니다. 자율성에 따른 행동은 힘을 갖습니다. 남이 시켜서 하는 일은 자기 스스로 하는 일에 비해 존재의 에너지가 들어 있지 않습니다.

사춘기 학생들의 거짓말을 지도하기 위해서는 이 자율성과 반항심을 구별해야 합니다. 어른의 권위에 반항하는 반항심과 인간에게 본질적으로 요구되는 자율성과는 다르며, 이 둘에 대한 이해가 거짓말을 지도하는데 필요합니다.

인간의 자율성에 대한 요구는 만 12세에는 미약하다가 만 15세에 보통 수준에 이르고, 만 18세가 되어 최고조에 이른다고 합니다. 반면 어른(부모)에 대한 반항심은 앞서 말했듯이 14-15세에 두드러지게 나타납니다. 이 사실에서 우리는 사춘기에 이른 자녀(학생)를 지도할 때는 어떤 규칙을 정해 지켜 나가는 게 좋다는 것을 알 수 있습니다. 규칙은 사춘기 전부터 정해 시행하는 것이 좋습니다.

규칙이 너무 많으면 청소년의 반항을 살 수도 있습니다. 그러니까 꼭 필요한 규칙, 생활하는 데 핵심이 되는 사항에 대한 규칙을 정해, 왜 이런 규칙이 필요한지 설명해 주고 지키도록 합니다. 규칙 이외의 나머지는 자녀(학생)의 자율성을 인정하여 스스로 결정을 내릴 수 있도록 하는 것이 좋습니다. 스스로 결정하며 생활하는 자녀가 그렇지 않은 자녀보다 거짓말을 적게 할 것은 당연합니다.

자존감, 자존심

우리는 살아가면서 "자존심 상한다" "자존감이 높다"와 같은 말을 많이 합니다. 자존심이나 자존감은 자기 자신에 대해 어떻게 생각하느냐 하는 문제로 아주 중요한 개념입니다.

자존감이란 미국의 의사이자 철학자인 윌리엄 제임스가 처음 사용한 말로 자아존중감self-esteem을 줄여서 하는 말입니다. 자존감이란 자신이 사랑받을 만한 가치가 있고, 어떤 일을 이루어낼 만한 능력이 있는 사람이라고 믿는 마음입니다. 그러니까 자존감은 객관적인 판단이 아닌 주관적인 느낌에서 오는 것입니다. 누가 뭐라든 나 자신을 스스로 존중해 주는 마음을 말하는데, 자신을 존중한다는 것은 자신의 외모, 성격, 학벌 등에 대해서 비판하거나 미워하는 것이 아니라, 있는 그대로 인정하고 존중하는 심리상태를 말합니다. 다른 사람과 비교하여 우월감이나 열등감을 느끼는 마음이 아니라, 스스로 자기의 존재 가치를 인정하고 자신을 사랑하는 마음입니다.

　반면 자존심은 남에게 굽히지 않고 스스로의 가치나 품위를 지키려는 마음입니다. 자존심이 강한 사람은 외부 환경의 자극에 따라서 때로는 우월감이나 열등감을 느끼기도 하고, 비교의식에 빠지기도 합니다. 자존감과 자존심은 자기 자신에 대한 긍정이라는 공통점이 있지만, 자존감은 '있는 그대로의 모습에 대한 긍정'을 뜻하고, 자존심은 '외부의 환경에 의한 비교 경쟁을 통한 긍정'이라는 점에서 차이가 있습니다.

　자존감이 높은 사람은 외부 환경이나 자극에 민감하게 반응하지 않습니다. 왜냐하면 자기 존재에 대한 가치 인식이 높기 때문입니다. 자존감이 높은 사람은 외부의 강한 자극에도 마음에 상처를 덜 입을 뿐만 아니라 이내 상처로부터 회복됩니다. 그래서 자존감과 자존심의 차이를 넓은 호수와 작은 웅덩이에 비유할 수 있습니다. 넓은 호수에 돌을 던지면 아름다운 물무늬가 퍼져 나가지만, 작은 웅덩이에 돌을 던지면 물이 사방으로 튑니다. 이처럼 두 사람 간의 차이는 확연히 다릅니다.

　자존감이 높은 사람과 낮은 사람이 어떻게 다른지 좀 더 알아볼까요?

　먼저 자존감이 높은 사람은 자신을 타인과 비교하지 않습니다. 자신을 비교하면 초라해지고 자기 결점이 드러나 자신을 미워하게 됩니다. 돈 많은 사람, 자기보다 잘 생긴 사람, 학벌이 좋은 친구, 출세한 사람, 재능이 많은 친구 등등, 이런 사람과 비교하면 자신의 초라함만 드러나 비참해집니다. 이런 비교 습관은 자기 삶을 불행하게 합니다.

자존감이 높은 사람은 자신을 비난하지 않습니다. 아무리 외부에서 큰 스트레스가 와도 자신을 학대하거나 중독과 같은 행위에 빠지지 않습니다. 자신을 비난하거나 너무 깊은 자책감에 빠져 부정적인 생각에 오래 머물지 않습니다. 사람은 누구나 완벽하지 않으며, 최선을 다하되 부족한 부분에 대해서는 쿨하게 인정하기 때문입니다.

자존감이 높은 사람은 지금 여기의 행복에 만족합니다. 그것이 아무리 작은 것일지라도, 작은 일에서 행복과 즐거움을 느껴 삶이 언제나 충만합니다. 그러니 불평불만하지 않습니다. 과거를 돌아보며 속상해하거나 미래를 두려워하지 않습니다.

그리고 자존감이 높은 사람은 상대방을 잘 배려합니다. 배려는 마음이 넓고 상대방에 대한 이해심이 클 때 가질 수 있는 마음입니다. 마음이 넓으면 작은 일에도 크게 신경 쓰지 않고 대수롭지 않게 넘어가지만, 마음이 좁으면 아무리 작은 일도 쉽게 걸러내지 못하고 자신과 주변 사람을 들볶습니다.

그에 비해 자존감이 낮은 사람은 작은 일에도 쉽게 화를 잘 내고 분노를 참지 못합니다. 그런 사람과 같이 있으면 피곤하고 짜증나고 늘 마음이 조마조마합니다.

자존감이 낮은 사람은 남들의 실수나 단점에 대해 관대하지 못하고 자주 지적합니다. 또 남에게 잘 보이려고 지나칠 정도로 애를 쓰며, 외모나 학벌 명예 재산 등에 집착합니다. 형편이 안 좋은데 비싼 자동차를 산다든지, 명품 의류나 가구 등을 선호하는 것도 자존감이 낮아 그럴 수 있습니다. 그런 사람들은 자신의 행복이 다른 사람들의 평가에 의해 결정된다고 믿습니다.

자존감이 낮은 사람들은 자신을 존중하지 못하고 비난하거나 질책합니다. 늘 자책감과 죄의식에 시달립니다. 그러다 보니 삶의 에너지를 긍정적인 데 쓰지 못하고 부정적인 곳에 허비합니다. 자기의 실수나 단점을 너그럽게 보지 못하고 자꾸 남을 탓하게 되어 불평불만이 많습니다.

한편 청소년들은 자존감이 낮은 경우 다음과 같은 특성을 보인다고 합니다.

- 중단하기 : 질 것 같거나 못할 것 같으면 그만두거나 포기한다. (게임 판을 엎거나, "나 안 해"라고 소리친다.)
- 회피하기 : 실패할 것 같으면 아예 도전하려는 시도조차 하지 않는다. (반장 선거에 무관심하거나 그런 걸 왜 해? 라고 말한다.)
- 속이기 : 정당한 방법으로 일을 수행하지 못하고 편법을 쓴다. (부모님께 거짓말, 시험 볼 때 컨닝)

- 익살부리기 : 좌절감을 감추기 위해 필요 이상으로 장난을 친다. (집에서는 얌전한데 학교에 가면 너무 까불어서 혼난다.)
- 우울한 상태 : 늘 말이 없고 눈치를 심하게 보며 마지못해 무슨 일을 한다. (집에서나 학교에서나 이런 우울한 상태가 지속된다.)
- 지배하기 : 자신이 해야 할 일을 남에게 시키는 등 군림하려 든다. (자기 가방을 친구에게 들게 하거나 심부름을 시키는 아이.)
- 남 괴롭히기 : 자신의 부적절함을 감추기 위해 남을 못살게 군다. (친구들을 때리거나 돈을 뺏는 아이)
- 부정하기 : 현실을 인정하지 않거나 해야 할 일의 중요성을 낮추어 말한다. (시험이 내일인데 어렵지 않다고 책조차 펴지 않는다.)
- 합리화하기 : 실패나 실수에 대해 외부 환경이나 다른 사람 핑계를 댄다. (모든 문제는 항상 다른 사람이나 환경 때문이라고 말한다.)

우리는 누구나 자존감이 높은 사람이 되길 원합니다. 자존감은 어릴 때 부모의 사랑에서부터 시작됩니다. 부모의 사랑을 충분히 받고 자라면 그것에 대한 결핍이 없기 때문에 남들이 주는 상처에

크게 반응하지 않지만, 그렇지 않은 사람은 자기 내면에 트라우마 (재해를 당한 뒤에 생기는 비정상적인 심리적 반응)를 갖게 되어, 자존감이 약한 상태에서 살아가게 됩니다.

어려서 겪는 가정폭력 경험이 자존감 형성에 막대한 영향을 줍니다. 대부분 우리나라 사람들의 자존감이 낮은 것도 어려서 권위적이거나 폭력적인 가정에서 자란 까닭입니다.

가정폭력과 관련된 학생 작품을 잠시 보겠습니다.

■ 가정폭력. 어렸을 때도 많이 겪었다. 7세 당시 교통사고를 당해 다리를 다쳐 자는 중 새벽에 부모님과 싸우는 것을 목격했다. 급히 옆집 이모가 와서 대피를 했고, 다시 집으로 왔다. 그리고 초등학교 때에는 아빠가 술 마시고 밤늦게 돌아오셨는데 고함소리와 유리 깨지는 소리가 났다. 그리고도 몇 차례나 고함소리가 들렸다. 우리 가족 형편은 저소득층에다가 월급도 제때 못 받아 힘든 하루를 보낸다. 최악의 가정폭력은 최근 1년의 것이다. 엄마가 서울에 사시는 엄마 친구가 죽어 서울에 가서 하룻밤 묵고 왔는데 정체불명의 동영상이 와서 싸움이 일어났다. 제1차 가정폭력은 하루 만에 해결 됐으나 아빠 눈치를 자주 보고, 밥 먹었을 때도 힘들었고 심지어는 장롱의 옷도 다 안방(당시 안방에서 잠)으로 옮겼다. 그렇게 전 3주를 보내다가 제2차 가정폭력은 더욱 심했다. 심한 몸싸움과 고함, 심지어는 안장(공구상자인 듯)과 자전거를 집안으로 가져와 안방 문을 부수려 했

고, 우리는 방어를 위해 장롱을 문 앞으로 옮기고 각종 방어 태세에 돌입하고 심해지자 경찰을 불러 출동시켰다. 우리가 나간다고 하면서 옷도 별로 못 챙긴 데다 경찰차를 타고 떠나서 지옥 같은 방학을 보냈다. 지금은 일어나지는 않지만 그때 당시는 말로 표현할 수 없을 정도로 고통스러웠다. (중2, 남)

■ 우리 가족은 진짜 힘들게 살아온 것 같다! 왜냐하면 아직도 모르는 우리 엄마. 나이, 누군지도, 이름도 모르니깐 정말 괴롭다. 날 낳아주신 엄마인데, 힘들다. 그리고 우리 아빠의 폭력(?) 이라고 해야 하나? 그냥 말로 해도 될 것을 뺨을 때리고. 일부러 세게 때리고, 정말 괴롭고 이런 거 때문에 나는 '우리 아빠가 아닌가'라는 생각까지 들곤 했다. 근데, 너무 친구들이 부럽다. 우리 가족은 3식구다. 4식구, 5식구도 아닌 3식구. 내가 살기 싫은 이유도 그것 때문인 것 같다. 너무 싫어서 나 자신이 가정폭력 때문에, 정말 그것 때문에 삶의 의욕을 못 느꼈던 것 같았다. 그렇지만 그게 내 운명이라면 긍정적이게 받아들일 것이다. (중1, 남)

(중2, 여학생)

(중2, 여학생)

너무 마음이 아픈 이야기들입니다. 글 ①은 일곱 살 때부터 초등학교 중학교까지 이어져 오는 가정폭력이 너무 생생하게 드러나 있습니다. 결국은 경찰이 출동해 경찰차를 타고 다른 곳으로 피신을 하고서야 끝난 폭력적인 사태에 분노마저 느껴집니다. 글 ②는 어떤가요? 엄마가 누군지도 모르고, 식구가 많기나 한가, 달랑 세 식구가 사는데 그 안에서 일어나는 폭력 때문에 살기가 싫고 삶의 의욕마저 느끼지 못한다고 합니다.

　　그림 ③은 아이의 눈에 비친 가정폭력의 현실을 그렸습니다. 아빠가 엄마를 흉기로 때리는 장면과 이혼서류, 그리고 눈물을 흘리고 있는 학생의 모습입니다. 그림 ④는 아마도 다문화 가정에서 일어나는 가정폭력을 그린 듯합니다.

　　가정폭력이란 가족 구성원 간에 육체적 구타행위 뿐만 아니라 성적, 정신적, 정서적, 심리적, 언어적 공격으로 다른 사람을 통제하는 것을 말합니다.

　　2011년 한국가정법률상담소 통계에 따르면, 남편이 아내를 폭행한 경우가 전체 가정폭력 중 81.9%를 차지했고, 흉기를 사용한 경우는 2010년 13.3%에서 25.5%로 두 배 가까이 늘었다고 합니다. 또 한국여성정책연구원에 따르면 가정폭력 피해자는 2009년 기준 368만 명이며, 생명에 위협을 받는 여성이 50만 명에 달하는 것으로 조사되었다고 합니다.

　　2011년 5월을 기준으로 우리나라에서의 가정폭력은 영국이나 일본보다 5배나 많은 것으로 나타났습니다. 가정폭력을 부부싸움의 연장선으로 가볍게 여기거나 배우자를 소유물로 생각하는 경우가 많기 때문인데, 가정폭력 피해자의 절반 가까이가 10년 넘게 가정폭력에 시달렸다고 합니다.

부모가 구타하는 장면을 목격하며 자란 자녀들은 사춘기에 약물남용 등 비행을 하는 경우가 많으며, 성인이 되어서는 부모와 같이 가정폭력을 답습하는 경향이 있습니다. 폭력의 악순환이 끊이지 않고 반복되는 것입니다.

어려서 좋지 않은 가정환경으로 인해 자존감이 낮게 형성되었다 하더라도, 이후 성장하면서 자신의 끊임없는 노력에 의해 자존감은 높아질 수 있습니다. 어릴 적 상처가 많다면 그것을 인정하고 거기서부터 시작해야 합니다. 그러면 우리는 과거와 상관없이 지금의 내가 원하는 삶을 살게 됩니다. 물론 쉬운 일은 아닙니다. 그러나 그러한 변화가 자기 삶의 성장과 변화를 가져다줍니다.

자존감을 높이기 위해 실수하는 것을 두려워하지 않는 것도 중요합니다. 실수는 성공의 반이라는 말도 있듯이, 무슨 일에 실수한다는 것은 그 일을 더 좋게 하기 위한 과정이라고 생각하면 됩니다.

또 거절하는 것을 두려워하지 마십시오. 내 생각에 아니다 싶은 것은 "No"라고 말해야 합니다. 다른 사람 눈치를 본다거나 외부 상황에 의해 어쩔 수 없이 끌려가지 않아야 합니다. 의사결정을 스스로 하고 성취감을 느껴보는 것도 자존감을 높여줍니다. 성취감을 느끼기 위해서는 작은 목표를 세워 그것을 이루는 일을 해 보는 것이 좋습니다. 또 하나의 목표를 세워 그것을 세분화 하여 하나하나 이루어가는 것도 좋습니다.

다른 사람에게 부탁하는 것을 어려워하지 마십시오. 부탁해서 거절당할 것에 대한 두려움 때문에 자존감이 약한 사람은 부탁하지 못합니다. 그러나 부탁에 대한 거절은 '나의 인격'에 대한 거절이 아니라 부탁한 내용에 대한 거절이라는 것을 이해한다면 부탁하는 일을 어려워 할 이유가 없습니다.

있는 그대로의 자신을 받아들이고, 자기 약점과, 사람은 누구나 완벽하지 않다는 것을 이해하는 것이 자존감 향상에 좋습니다. 자신의 장점을 종이에 써 보면서 긍정적인 면을 일깨우는 것도, 거울을 보며 자기의 좋은 점을 크게 칭찬하는 것도, 그러한 일을 꾸준히 해 습관을 들이는 것도, 자존감을 높이기 위한 좋은 방법입니다.

강박증

전에 있었던 일입니다. 중2 학생 반 담임을 했는데, 이철희라는 학생이 이런 이야기를 했습니다.

"선생님. 제 손을 좀 보세요."

철희가 내민 손을 보니 손바닥에 물이 흥건히 괴어 있었습니다. 깜짝 놀라 왜 이러냐고 묻자, 철희 대답이 시험기간만 되면 그렇다고 했습니다. 시험 발표만 나면 손바닥에 땀이 고여 휴지로 닦아야 할 정도라고 했습니다.

그런 철희가 또 이런 말도 했습니다.

"선생님. 저는요, 학교 등굣길에 쥐가 죽어 있는 걸 봤잖아요? 그럼 그 모습이 일주일 이주일 계속해서 생각나요. 아주 미치겠어요. 다른 애들은 볼 때만 그렇고 금방 잊어버리잖아요? 그런데 저는 안 그래요."

철희는 공부도 잘하고 몸도 좋아 운동도 잘했습니다. 누가 봐도 시험을 본다고 손바닥에 땀이 고일 정도로 소심한 아이가 아니었습니다. 죽은 쥐를 보았다고 며칠 동안 그 생각만 하는 아이가 아니었습니다. 그런데 철희는 그 문제로 고민했고, 상담할 때 그 이야기를 나에게 했습니다.

강박증이란 불안 장애의 한 종류로 자기 의지를 벗어나 특정한 생각이나 행동을 반복하는 것을 말합니다. 강박증은 일상생활에 상당한 불편을 초래하고 시간을 소모하게 하는 강박적 사고와 행동을 포함하는 불안장애입니다.

강박 증상은 "난 강박관념이 있어"라든가, "저 사람 정말 결벽증 있는 것 같아", "강박적으로 일을 처리한다"에서부터 "저 사람 지나치게 완벽주의자라니까" "엄청나게 깔끔 떤다" "정리 안 된 것은 참지 못 한다" 등에 이르기까지 일상생활에서 흔히 접할 수 있습니다. 떨쳐버리고 싶은 데도 시도 때도 없이 마음속에 떠오르는 어떤 생각, 성가시지만 어쩔 도리가 없어 반복하게 되는 어떤 행동, 그것이 생각일 때도 있고(강박 사고), 행동일 때도 있습니다(강박 행동).

강박 사고는 어떤 생각, 충동, 혹은 걱정이 반복적으로 떠오르는 것입니다. 청소년기 남학생들이 성적인 상상 때문에 괴로워하는 것도 그렇습니다. 그 정도가 심하다면 그래서 학업을 지속하기 어려울 정도가 된다면 강박증으로 볼 수 있습니다. 또 어떤 사람이 4라는 숫자는 죽음을 의미하는 숫자이기 때문에 4라는 숫자를 보거나 듣기만 해도 죽을 것 같은 공포를 느껴 4라는 숫자를 보면 7 이란 행운의 숫자를 7번 반복해서 중얼거려야 하고, 그에 따라 실제로 7번 반복하는 행동을 해야 한다면 그 역시 강박증일 수 있습니다.

강박 행동은 강박 사고에 의해 일어나며, 앞으로 일어날 (실제로는 일어나지 않을 가능성이 더 많은) 어떤 사건을 중화시키거나 방지하기 위해 반복하는 행동입니다. 일반적으로 강박행동은 오염에 대한 공포를 방지하기 위한 과도한 씻기 행동, 잠재적인 위험 발생 상황에 대비하기 위한 확인 및 점검 행동 등이 있습니다. 그밖에도 위해를 피하기 위해 반복적인 행동을 한다거나, 균형을 맞추기 위해 지나치게 정리를 하는 등 여러 가지 양상을 보입니다. 예를 들어 세균에 오염될까 봐 문의 손잡이도 잡지 않고, 악수도 하지 않으며, 하루에 손을 30번 이상 씻습니다. 또 무언가 티끌이라도 묻어 빨래가 더럽혀 진다면 큰 병에 걸릴까 봐 세탁을 여러 번 합니다. 정리되지 않은 책상에서는 집중이 되지 않아, 책상을 정리하느라 공부를 할 수가 없습니다.

이렇게 강박 증상은 자기 의지나 생각과는 관계없이 의식을 사로잡고 떠나가지 않는 생각과 행동을 말합니다. 강박 장애는 모든 연령에서 발병하지만 10-19세에 가장 많이 발병합니다. 성인의 경우 남성과 여성의 분포가 비슷하지만, 청소년들은 남자들이 더 많고 평균 시작 연령도 더 빠르다고 합니다.

다음 표는 <연령대별 강박 장애 증가율>입니다.

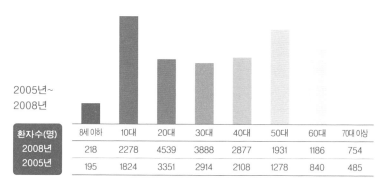

환자수(명)	8세 이하	10대	20대	30대	40대	50대	60대	70대 이상
2008년	218	2278	4539	3888	2877	1931	1186	754
2005년	195	1824	3351	2914	2108	1278	840	485

연령대별 강박환자 증가율(단위 : %, 자료 : 국민건강보험공단)

청소년기의 강박 장애는 학교생활과 교우관계를 방해하여 청소년을 괴롭힙니다. 공부, 새로운 학교생활, 입시 경쟁 등 극복해야 할 여러 과제들과 맞닥뜨리면서 스트레스가 증가하여 그렇습니다.

강박 장애의 원인은 뇌 이상과 부모의 과잉 통제, 맞벌이 가정의 증가, 입시 경쟁 같은 환경적 요인이 복합적으로 작용하여 그리되는 것으로 알려져 있습니다. 강박증은 생각이나 행동이 자연스럽게 진행하도록 하는 뇌의 특정 부위 이상(전두엽 아래쪽의 안와피질과 대뇌 속 깊숙이 위치한 바닥핵의 연결회로 이상)에서 오는 것으로 알려져 있습니다. 그러나 모든 환자에게 뇌의 이상이 발견되는 것은 아니며, 개인의 기질이나 성격, 양육 환경, 청소년의 경우 학교생활에서 오는 스트레스에 기인하는 바가 크다고 합니다.

강박증을 주제로 학생들이 말하는 글과 그림입니다.

■ 나는 강박감을 느낄 때가 있다. 우선 문단속이다. 내가 문을 습관적으로 잠그고 손을 씻으면 안 잠근 것 같아서 다시 가보고, 또 가보고, 자기 전까지 자주 왔다 갔다 한다. 두 번째는 뒤를 보는 것이다. 내가 학원에서 늦게 끝나 집으로 올 때 뭔가 불안해서 자꾸 뒤를 돌아보게 된다. 그리고 몇 걸음 가고 또 뒤돌아보는 행동을 자주 반복한다. (중1, 여)

■ 나는 어렸을 때 공포영화, 무서운 이야기 등, 이런 것들을 많이 듣고 보게 되었다. 그런데 보통 귀신이나 혐오스러운 물체들은 사람 등 뒤에서 그 사람을 보고 있는데, 그 장면을 봤을 때 경기를 일으킬 만큼 놀랐다. 그 후로 무서운 이야기나 공포영화 등을 볼 때면 누워 있거나 벽에 등을 붙이고 있거나 자꾸만 뒤를 돌아보는 버릇이 생겼다. 그러지 않으려고 노력하지만 자꾸만 뒤에서 누군가가 나를 쳐다보는 느낌이 들어서 그런 행동을 계속하게 된다. 이제 그 장면을 기억에서 지우고 싶지만 너무 놀라고 그 장면이 인상에 남아서 계속 기억이 난다. (중1, 여)

■

(중2, 남학생)

글 ①은 강박 장애라기보다는 가벼운 강박 증상 같습니다. 글 ②는 어려서 본 공포영화의 장면이나 혐오스런 장면의 잔상이 시간이 지나도 지워지지 않고 뇌에 남아 계속 떠오른다는 것인데, 우리가 어려서 그런 장면에 노출되지 않아야 하는 이유를 나타내주고 있습니다. 그림 ③은 강박적인 생각이나 행동에 사로잡혀 어찌할 바 모르는 사람의 내면을 잘 표현하고 있습니다.

　강박장애 치료에는 인지행동치료와 약물치료가 있습니다. 인지행동치료는 말 그대로 인지 - 행동치료로, 환자에게 자신을 괴롭히는 강박충동이 뇌에서 보낸 잘못된 신호라는 것을 인지하고 이에 저항할 수 있는 능력을 길러주는 것입니다. 약물치료는 뇌에 직접 작용하기 때문에 효과적이지만, 증상이 약한 경우 인지행동치료만으로도 완치가 가능하다고 합니다.

　인지행동치료는 인간의 사고는 행동에 영향을 준다, 자신의 사고는 탐색할 수 있으며 변화시킬 수 있다, 사고의 변화를 통해 원하는 행동의 변화를 가져올 수 있다는 것을 핵심으로 합니다. 어떤 일에 부정적인 결과가 일어날 것이라고 예상되는 자동적이고 습관적인 사고를 확인하고, 실제로는 부정적인 결과가 일어나지 않을 수도 있다는 대안적 사고를 생각해 보고, 현실 검증을 통해 생각의 변화를 가져오게 하는 것입니다.

　다른 장애와 마찬가지로 강박장애도 조기치료가 무엇보다 중요합니다. 특히 청소년들의 경우 인내심 부족 등으로 치료를 중간에 중단하면, 강박 사고나 행동을 불러오는 뇌의 이상이 만성화 되어 우울증이나 자살 충동으로 악화된다고 합니다.

틱 장애, 투렛 증후군

『물 없는 바다』라는 영화가 있습니다. 틱 장애를 안고 사는 주인공을 다룬 영화입니다. 어릴 적 나쁜 경험과 그로 인한 동생의 자살 등으로 마음의 문을 닫고 오직 복수만을 위해 살아온 여자와, 돌아가신 엄마를 위해 틱 장애가 있음에도 열심히 살아가는 남자

사이 사랑을 다룬 영화입니다. 여자는 외부와의 대화를 일체 거부하고 오로지 글로만 의사소통을 합니다. 남자는 그렇게 살아가는 여자의 옥탑방에 일주일에 두 번 아르바이트로 주문한 생필품을 배달해줍니다. 그러면서 둘 사이 사랑이 싹트고, 서로를 통해 사람에게 받은 상처를 치유해갑니다.

틱 장애란 스스로 조절할 수 없는 크

고 빠른 근육의 움직임이나 소리를 내는 것을 말합니다. 틱 장애에는 운동틱과 음성틱이 있습니다. 운동틱은 얼굴, 목, 어깨, 몸통, 손 등에서 일어나는 틱으로, 눈 깜박임, 얼굴 찌푸림, 어깨 으쓱댐 같은 것이 있습니다. 음성틱에는 헛기침, 킁킁대는 소리, 코웃음 치기, 의도하지 않은 욕을 하거나 외설스런 소리, 상대방이 한 말의 끝을 따라하는 소리 등이 있습니다. 틱 장애는 1만 명 당 420명 꼴로 발생하며, 흔히 5~7세 사이에 많이 발생합니다.

틱 장애는 유전적인 요인과 환경적인 요인이 상호작용하여 뇌의 신경회로 문제와 호르몬도파민 체계의 변화가 생김으로써 나타납니다. 또 부모가 어릴 때 틱 증상을 보인 경우 유전되기도 한다고 합니다. 환경적 요인으로는 출산과정에서의 뇌 손상이나 산모의 스트레스, 출생 시 체중까지 틱 장애와 연관이 있다고 합니다. 그리고 일과성으로 끝날 수 있는 것이 지나친 관심이나 야단을 치는 경우 증상이 더 악화되어 오래 지속됩니다.

틱 장애 증상은 미처 모르고 지나가는 미약한 증상에서부터 아주 심한 증상까지 다양합니다. 가장 흔한 증상은 얼굴을 찡그리거나, 입맛을 다시거나, 코를 킁킁대거나, 목에서 '흠-' 하는 소리를 내거나, 눈을 자주 깜빡이는 등의 증상입니다. 입닥쳐, 그만해 같은 소리를 내기도 하는데, 보통 정서적으로 불안한 상황이거나, 어떤 일로 흥분할 경우 증상이 악화됩니다. 처음에는 틱을 전혀 감지하지 못하다가 성장하여 10세 정도 되면 틱이 시작되기 전 어떤 특정한 느낌이 오는 것을 알게 되기도 합니다.

가장 흔한 초기 증상은 안면 틱입니다. 특히 눈에 나타나는 틱 증상입니다. 초기에는 일시적으로 나타났다가 사라지고 다른 부위에 나타나는 양상을 반복하다가, 그 후 좀 더 지속적인 증상으로 나타납니다. 보통 음성틱이 운동틱보다 약간 더 늦은 나이에 생기며, 이 증상이 1년 이상 만성적으로 나타나면 만성 틱 장애라고 합니다. 그 가운데 운동틱과 음성틱이 함께 나타날 경우 투렛 증후군이라고 합니다.

틱 장애가 있으면 ADHD와 강박 장애가 함께 나타날 수 있습니다. 틱 장애가 있을 경우 ADHD가 나타날 확률이 50~75%, 강박 장애 30~70%, 불안장애 20~80%, 학습장애 50%라고 합니다.

틱 장애는 다음 네 가지로 분류됩니다.

- 뚜렛 증후군 : 여러 가지 운동 틱과 한 가지 이상의 음성 틱이 나타납니다. 두 가지 틱이 복합적으로 나타날 수도 있고, 동시에 나타나지 않을 수도 있습니다. 자기만의 특이한 소리를 반복하고, 외설적인 내용을 담은 음성틱이 나타나기도 합니다. 마지막에 들은 단어나 소리를 반복하기도 하고 다른 사람의 동작을 따라하기도 합니다. 틱은 매일 여러 번 나타나기도 하고 1년 이상 간격을 두고 간헐적으로 나타나기도 하는데, 보통 발병은 18세 이전에 나타나 평생 지속

됩니다.

- 만성 틱 장애 : 운동 틱이나 음성 틱이 만성적으로 나타나
지만 두 가지가 함께 나타나지는 않습니다. 틱은 하루에도 몇
번씩, 매일, 1년 이상 지속됩니다. 18세 이전에 발병합니다.
- 일시적 틱 장애 : 음성 틱이나 운동 틱이 18세 이전에 나타
나고, 적어도 4주 동안 거의 날마다 몇 차례씩 일어나지만
증상이 가볍고 1년 정도 지속됩니다. 연속 12개월 이상 이
어지지 않습니다.
- 달리 분류되지 않는 틱 장애 : 위의 세 가지 범주에 속하지
않는 틱을 진단하기 위해 분류된 것입니다. 예를 들어 틱
이 4주 이하 동안 나타나지만 발병 연령은 18세 이후인 경
우에 해당합니다.

일반적으로 틱 장애는 10세 이전에 발병해 대부분 청소년기 후
기와 초기 성인기에 현저히 감소하는 것으로 알려져 있습니다.

틱 증상은 일부러 증상을 만들어내는 것이 아니고 뇌의 이상에
서 비롯되는 것이므로, 아이를 나무라거나, 놀리기, 지적하기 등의
행동은 피하는 것이 좋습니다. 발병 초기에 가장 효과가 좋은 대
처법은 증상을 무시하고 증상에 대해 관심을 주지 않는 것입니다.

대부분의 경우 만성 틱이나 뚜렛 증후군이 있는 사람들도 모든
분야에서 성공적인 삶을 살 수 있기 때문에 좌절할 필요는 없습니

다. 틱 장애 아동의 부모는 자녀가 틱 증상이 있다 하더라도 여느 사람과 똑같이 행복하게 살 수 있음을 마음에 새기고, 긍정적인 마음과 배짱, 유머와 장기적인 안목으로 아동을 대할 필요가 있습니다.

과도한 학업과 과외 활동을 줄여 아이가 충분한 놀이 시간과 휴식 시간을 갖도록 도와주는 것이 좋습니다. 그러나 학교 숙제나 일상생활 관리와 같은 기본적인 활동에서 아이의 책임을 덜어주는 것은 오히려 자존감 저하를 불러올 수 있으므로 좋지 않으며, 스트레스를 이겨내는 방법을 배우도록 도와주고, 칭찬을 많이 함으로써 자신감을 증진시켜 주는 것이 중요합니다.

학교에서도 틱 장애 학생이 다른 학생과 잘 어울리기 위해서는 병에 대해 충분히 이해하고 있는 교사의 협조가 꼭 필요합니다. 친구들이 틱 장애 학생을 놀리거나 따돌리게 되면 사회성에 문제가 생기게 되므로, 교사가 교실 내에서 긍정적이고 우호적인 환경을 만들어주는 것이 중요합니다.

그러나 이런 활동에도 불구하고 틱 증상이 너무 심하여 일 년 이상 지속되거나, 학교 공부나 친구 관계에 지장을 초래하는 경우, 관련 부위의 근육 통증이 있는 경우, 기침소리, 욕설 같은 증상이 나타난다면 의사의 도움을 구해야 합니다. 최근에는 졸음이나 몸무게 증가와 같은 부작용이 거의 없이 효과가 좋은 약물이 개발되어 치료에 많은 효과를 보고 있다고 합니다.

공포증

공포란 무서움 혹은 장차 어떤 고통이나 재앙을 받을 것이라고 생각할 때 일어나는 정서적 반응입니다. 다시 말해 인간이 신체적 위험에 직면하여 생존, 미래, 자신에 대한 존중을 위협 받을 때 나타나는 정서적 반응입니다.

영어로 공포, 공포증을 의미하는 말이 '포비아phobia'입니다. 고소공포증acrophobia, 폐쇄공포증claustrophobia처럼 여러 공포증이라는 말 뒤에는 포비아라는 말이 붙는데 그 이유는 다음과 같습니다.

포비아라는 말은 원래 그리스 신화에 나오는 전쟁의 신 '아레스'와 관련이 있습니다. 아레스에게는 미의 여신 아프로디테와의 사이에서 낳은 두 아들이 있는데, 그 아들 이름이 '데이모스'패배, 참패와 '포보스'공포입니다. 전쟁의 신 아레스는 전쟁을 몰고 다니기 때문에 사람들에게는 공포의 대상이 될 수밖에 없습니다. 그런데 그의 아들 데이모스와 포보스는 아레스의 쌍두마차를 끄는 말이라고도 합니다. 전쟁은 결국 패배와 공포를 가져온다는 신화적 의미인데, 포보스라는 말에서 온 것이 바로 포비아입니다.

인간은 자기가 잘 모르는 것에 공포감을 느낍니다. 무언가를 잘 모른다는 것은 언제든지 그것이 나에게 해를 끼칠 수 있기 때문입니다. 반면에 어떤 일이 어떻게 일어날지를 알게 된다면, 자신의 상황과 미래에 대해 조금 더 통제력을 가질 수 있어 공포감에서 벗어나게 됩니다. 원시인들은 천둥이나 번개 홍수 등 자연 재해를 공포의 대상으로 여겼지만, 오늘날 현대인은 그러지 않습니다. 왜냐면 이런 것들이 일어나는 과정이나 대처 방법 등을 알기 때문입니다.

귀신이나 유령 같은 것을 사람들이 두려워하는 것도 같은 이유에서입니다. 만약 귀신이나 유령이 확실히 없다든지, 아니면 언제 어디에서 나타난다든지, 또 나타나서도 해를 끼칠지 아닐지 등을 알게 된다면 겁을 먹는 사람들이 많지 않을 것입니다.

공포증에 대해 학생들은 이런 생각을 갖고 있었습니다.

■ 나는 유치원 때 잠깐 친구 두 명하고 엘리베이터에 갇혀 있었다. 그때는 정말 죽어버리고 싶을 만큼 무서웠다. 그 때 이후로 나는 폐쇄공포증이 생겼다. 폐쇄공포증은 나를 힘들게 했다. 막힌 곳은 잘 들어가지 못했고, 그것 때문에 나는 어렸을 때 계단으로만 다녔다. 지금은 그때보단 많이 나았지만, 아직도 그 기억은 생생하다. 나는 높은 곳을 무서워하기도 한다. 그래서 놀이기구도 가려서 탄다. 이 공

포증은 언제부터 생긴 지 잘 모르겠지만, 하여간 난 두 가지 공포증이 있다. (중2, 여)

■ 나는 금요일에 스펀지에 나오는 이색공포증을 보았다. 정말 신기하였다. 첫 번째는 음악공포증!! 음악을 들으면 발작을 하고 무서워하는 것이다. 이 음악공포증을 없애는 방법이 하나 있다. 바로 음악공포증을 유발시키는 뇌 일부를 절단하는 것이다. 실제로 미국에서는 음악공포증이 있던 한 여자가 뇌 절제수술을 받고 정상으로 생활한다는 것이다. 두 번째로는 바나나 공포증!! 바나나를 보면 놀라거나 기절하는 것이다. 어떤 사람은 어렸을 때 오빠가 침대 안에 장난삼아 넣어 논 걸 모르고 누웠다가 느낌이 이상해서 그때부터 바나나를 무서워하게 된 거다. 세 번째로는 세균공포증!! 어떤 여자가 어렸을 때 할머니가 돌아가신 모습을 옆에서 본 후, 세균이 들어가면 할머니처럼 죽는다고 생각해 어른이 될 때까지도 세균을 무서워 해 하루에 20시간을 샤워만 하고 살다 욕실에서 탈수증세로 쓰러져 사망했다. 그 외에 종이공포증, 돼지공포증 등이 있다. 종이공포증은 트렌스포머3에 나오는 여자 주인공이 겪는 공포증으로 종이 만지는 걸 무서워하고, 만질 땐 물을 묻혀야 간신히 넘길 수 있다고 한다. 돼지 공포증도 어느 유명한 외국 배우가 겪는 공포증으로 돼지를 무서워하는 공포증이다. 나는 세상에 이렇게 신기한 공포증이 있다는 걸 처음 알았다. '나는 무슨 공포증일까?'라는 생각도 든다. (중2, 여)

나는 거미같은 벌레나 곤충을 보면 공포에 휩싸인다.

(중2, 남학생)

공포증을 겪는 사람들의 주된 증상은 불안이며, 공포증은 불안 때문에 생기는 병의 일종으로 주로 경험에 의해 얻어진 감정반응으로 여겨집니다. 일반적으로 처음 위험한 상황에서 비롯된 공포감이 억제 또는 잠재된 상태로 있다가 다른 비슷한 상황에 처할 때 일어나는데, 글 ①에서 우리는 그러한 사실을 확인할 수 있습니다.

글 ②는 TV에 나온 공포증 관련 이야기입니다. 사람에 따라 겪는 공포증이 정말 다양하다는 것을 알 수 있습니다. 그림 ③의 공포스런 표정이 재밌습니다. 파충류나 곤충류가 사람에게 심각한 해를 끼치지 않는데도 많은 사람들이 그것들을 무서워합니다.

일반적으로 공포는 크게 두 가지로 나타납니다. 하나는 유전적으로 타고나는 공포, 다른 하나는 학습에 의한 공포입니다. 유전적 공포는 인류의 생존에 큰 영향을 미쳤습니다. 인간은 공포를 느낌으로써 맞서 싸우거나 도망갈 준비를 합니다. 원시인이 맹수와 마

사람은 그 순간 자신의 부상당한 몸에서 오는 통증을 느끼지 못했다고 합니다.

공포증 가운데 지나칠 수 없는 것이 공황장애panic disorder입니다. 공황장애란 뚜렷한 이유 없이 갑자기 극도의 두려움과 불안을 느끼는 불안장애의 일종입니다. 공황장애가 있는 사람들은 심한 불안, 가슴 뜀, 호흡 곤란, 흉통이나 가슴 답답함, 어지러움, 자제력을 잃고 미쳐버릴 것만 같은 파멸감, 죽음에 대한 공포 등을 경험한다고 합니다. 발작이 대부분 짧은 시간에 일어나지만 공황장애가 무서운 것은 이런 발작이 한 번으로 끝나지 않고 수일 또는 수개월 뒤에 다시 반복적으로 나타난다는 것입니다. 그러니까 환자는 언제 다시 발작이 일어날지 몰라 불안에 떨며 전전긍긍하게 됩니다.

현재까지 연구 결과에 의하면 공황장애는 신체적인 원인과 개인의 인생 경험, 특히 유년기 경험과 이에 따른 인격의 발달, 그리고 외적인 스트레스가 함께 작용해서 발생한다고 합니다.

공황장애는 만성적인 질병이며, 자연적으로 회복되는 경우는 드물다고 합니다. 진단이 제대로 내려지고 적절한 치료를 받으면 70~90%의 환자는 상당한 호전을 볼 수 있어 일상생활에 큰 영향을 받지 않습니다. 그러나 조기 진단 및 치료를 하지 않으면 공황장애가 진행되어 광장공포증이나 우울증으로 발전해 치료가 더욱 어렵게 된다고 합니다.

선택적 함구증

중2 여학생이 있었습니다. 공부도 잘하고 행실도 모범적이어서 모든 교사의 귀여움을 받았습니다. 그런데 한 가지 이 학생은 학교에서 전혀 말을 하지 않았습니다. 담임하고도 반 친구들과도 일절 말하지 않았습니다. 그런데 집에 가면 그렇지 않다고 합니다. 동생하고도 말을 잘하고 가족들과도 스스럼없이 말을 한다고 합니다. 이런 학생이 많지는 않지만 가끔 있습니다. 이런 경우를 정신의학에서는 선택적 함구증, 혹은 선택적 함묵증이라고 합니다. '함구'나 '함묵'이나 말을 안 한다는 것이니, 선택적으로 상황에 따라 말을 하지 않는다는 뜻입니다.

선택적 함구증은 언어능력과는 전혀 무관합니다. 그러다 보니 대부분 부모들이 그저 낯가림이 심해 그런가 보다 하여 방치하는 경우가 많은데, 이는 수줍어서 말을 안 하는 것과도 다릅니다. 어떤 특정한 상황에서 다른 사람에게 전혀 말을 하지 않는 것이니까요.

이 장애를 가진 사람들은 특정 상황에 대해 두려워하거나, 지나친 부끄러움, 강박, 분노 발작, 사회적 위축, 그리고 통제하거나 반항하는 행동(특히 집에서) 등을 보입니다. 이러다 보니 또래 아이들에게 놀림을 당하고 희생양이 되는 경우가 많습니다.

선택적 함구증과 관련한 학생의 글을 잠시 보겠습니다.

■ '나를 묶고 있는 끈'

나를 묶고 있는 끈은 헤아릴 수 없을 만큼 많다. 다른 사람들도 나와 마찬가지의 형편일 것이다. 나를 묶었다고 하기엔 사소하고 하찮은 나의 행동이나 그 밖의 것들도 결국은 나를 구성하고 또 나를 묶고 있는 끈일 것이다. 그 끈은 마치 길고 가느다란 거미줄과 같고 사람은 그 거미줄에 걸린 조그마한 풀벌레와 같다. 그 풀벌레의 허우적거림은 곧 끈에서 벗어나고 싶어 하면서 점점 지쳐가는 나의 모습일 것이다. 그 거미줄을 구성하는 근원 세 가지는 주관이 불투명하다는 점, 너무 내성적인 성격, 갈팡질팡하는 성격 등이 있다.

첫 번째로 나의 불투명한 주관은 위험할 수도 있는 것이다. 융통성이 없고 그저 남 하는 대로 끌려 다니니 나의 생각이나 느낌을 표현한다는 게 너무 어렵게 되었다. 또한 '내가 하려고 하는 일을 어떻게 할 것인가'에 대해서조차도 남에게 의지하고자 한다. 나도 이렇게 되면 무기력해진다는 것을 알고 있지만 나조차도 이제껏 아무런 대책을 세우지 않았었다. 둘째로 내성적인 성격이다. 이것은 이미 많은 사람들에게 지적당해 왔지만 점점 자연스러워지는 것이 되돌리기 힘들다는 생각이다.

셋째로 갈팡질팡 하는 성격이다. 이것을 선택하면 어쩐지 무언가가 빠져버린 것 같고 저것을 선택해도 그렇고 무엇을 어떻게 해야 할 지 선택하기가 어렵다. 하나를 하기에는 너무나 불안한 마음이 들고 자꾸 부정적인 생각이 들기 때문이다. 결국에는 아무 것도 할 수 없게 되어 버린다. 하지만 분명한 것은 이 세 가지는 모두가 하나로 이어진 고리와 같이 연관성이 있다는 것이다. 모두가 비슷한 점이 많고 결과가 똑같다는 점이다. 그러므로 나를 묶고 있는 끈은 어쩌면 한 뿌리에서 자꾸자꾸 갈라져 나온 나무뿌리 같은 게 아닐까? 그 뿌리를 뽑게 될 때 나는 비로소 새로운 경험을 할 수 있게 될 것이다.

이 끈을 끊기 위해서는 오랜 시간이 필요할 것이다. 왜냐면 그것에 익숙해진지가 오래된 만큼 금방 고쳐질 수는 없기 때문이다. 또한 나를 믿고 행동에 옮기는 자세가 필요하다. 갈팡질팡 하는 것은 내가 나 자신에 대해 믿음이 부족하기 때문에 그렇게 나타나는 것이기 때문이다. 또한 그렇게 믿음을 갖게 된다면 나의 주관을 뚜렷하게 세워 남 앞에서 당당히 내세울 수도 있을 것이다. 물론 그것도 쉬운 일은 아니다. 하지만 그렇게 하다 보면 언젠가 나를 묶은 수많은 끈들이 조금씩 사라지게 될 것이고 결국 나는 모든 끈을 끊고 벗어나게 될 것이다. 하지만 무엇보다도 그렇게 되기 위해서 가장 필요한 것은 나 자신을 굳게 믿는 것일 것이다. (중2, 여)

■ 학교에 입학했을 때 민서를 처음 보게 되었다. 그땐 막 입학한 터라 민서도 몰랐었고 다 모르는 아이들이었다. 3월 초에 진단평가를 보고 시간은 계속 흘러가는데 다른 애들은 다 친구들이랑 노는데 나하고 민서만 둘이 남았다. 그래서 한번 민서한테 말을 걸어보았는데 민서가 말을 안했다. 처음엔 벙어리인줄 알았다가 그냥 지낼 아이가 없으니까 몇 일간 민서랑 다니다가 갑자기 민서가 나랑 화장실에 가더니 말을 했다. 내가 꾸준히 지켜보고 있었는데 역시 결국엔 말을 했다. 그리고 점심시간마다 화장실에 가서 민서랑 말을 했다. 하지만 민서는 나 이외에 학교에서 누구하고도 말을 하지 않았다. 선생님이 출석을 불러도 대답하지 않고 누가 무슨 말을 해도 얼굴을 붉힌 채 빤히 쳐다보기만 할 뿐 말을 하지 않았다. 민서에 대한 어떤 과거가 있는지 모르겠지만 초등학교 때 친구들이 없었다고 들었다. 그리고 집에서는 부모님이나 동생한테 말을 한다고 들었다. 나도 친구들에게 쉽게 말을 잘 못하지만 민서 덕분에 친구들에게 용기가 생겨서 친구들에게 말을 하게 되어 친구를 많이 사귀게 되었다. 민서 덕분에 친구를 많이 사귀어서 민서에게 고맙다. (중1, 여)

글 ①은 앞서 말한 중2 여학생이 쓴 것입니다. 예전에 국어시간에 '나를 묶고 있는 끈'이라는 제목으로 글쓰기를 했는데, 그 때 선택적 함구증이 있는 여학생이 쓴 글입니다. 글에서 선택적 함구증에 대한 이야기는 직접 나타나 있지 않습니다. 그러나 자신을 옭

아매어 자기 발전을 가로막는 끈으로 내성적인 성격을 들고 있는데, 이 부분이 바로 선택적 함구증에 대한 자기 이야기입니다. 글이 길지만 전문을 인용한 것은 선택적 함구증이 있는 학생의 내면을 엿볼 수 있지 않을까 해서입니다.

글 ②에 나오는 학생은 다행히도 특정 친구와는 말을 합니다. 오히려 글 쓴 학생은 그 친구로 인해 용기를 얻어 다른 친구를 많이 사귀게 되었다고 합니다. 아무 말도 하지 않고 학교에서 지내는 것과 특정 친구와 화장실에서나마 말을 하며 지내는 것의 차이를 상상해 보십시오. 아무하고도 말하지 않고 지내는 것을 상상해 본다면 선택적 함구증이 본인뿐만 아니라 주변 사람에게 얼마나 큰 답답함을 가져다줄지 알 수 있습니다.

선택적 함구증을 진단하는 기준은 다음과 같습니다.

- 다른 상황에서는 말을 잘 함에도 불구하고 특정한 상황에서 지속적으로 말을 하지 못한다. (예: 말하기가 요구되는 상황이나 학교.)
- 장애가 학업적, 직업적 성취나 사회적 의사소통을 저해한다.
- 장애의 기간이 적어도 1개월 이상 지속되어야 한다. (입학 후 처음 1개월은 포함되지 않는다.)
- 말하지 못하는 이유가 사회생활에서 요구되는 언어에 대한 지식이 없거나 그 언어에 대한 불편과 관계가 없어야 한다.

- 장애가 의사소통장애(예: 말더듬기)에 의해 잘 설명되지 않아야 하고, 광범위한 발달장애, 정신분열증, 다른 정신적 장애에 의해 발생되는 것이 아니어야 한다.

선택적 함구증은 남아보다는 여아한테 많이 나타납니다. 부모의 과잉보호나 지속적인 부모 간의 불화, 신체적 학대, 정신지체, 언어장애, 어린 시절의 충격적 경험 등이 요인이 될 수 있습니다.

아이들마다 원인은 다양하겠지만 간혹 동생이 생기면서 시샘하는 행동을 하게 될 때 부모가 심하게 질책하면 밖에서 말을 하지 않는 아이가 될 수도 있습니다. 또 원래 유전적으로 말이 늦는 경우, 이런 아이는 여러 사람이 있는 곳에서 말을 해 보지 않아 사회성이 길러지지 않았기 때문에, 친구와 사귈지도 모르고 함께 노는 방법도 모르게 됩니다. 이런 아이들이 유치원에 입학하면서 말을 하지 않는 경우도 있습니다.

선택적 함구증의 아이들은 대부분 어느 정도 지적 능력을 갖고 있어 학습하는데 문제가 없고, 또 가정에서도 부모와 지내는데 큰 문제가 없어 방치하는 경우가 많습니다. 그러나 이렇게 되면 아이는 말하지 않는 것에 편안함을 느껴 더욱 말을 안 하게 됩니다. 그리고 이런 기간이 길어지면 친구도 못 사귀고 친한 친구도 없게 되어 사회성 발달에 문제가 생기며, 오랫동안 말을 안 하게 되어 언어 발달도 떨어지게 됩니다. 결국 선택적 함구증의 결과로 생긴 언어발달 장애나 사회성 발달 장애가 함구증을 더 악화시키는 요인으로 작용할 수 있습니다.

선택적 함구증이 있는 아이를 대할 때는 아이에게 억지로 말을 하도록 강요하거나 유도하지 않는 게 좋습니다. 그리고 아이를 과잉보호하여 무엇이든지 알아서 해주는 행동은 피하고, 아이가 말을 할 기회를 빼앗지 말아야 합니다. 아이에게 일관성 있게 사랑을 표현하고 관심을 기울이는 것이 필요합니다.

치료에는 행동치료, 심리치료, 약물치료, 가족치료 등 여러 가지 방법이 있습니다. 치료자가 취해야 할 기본적인 태도는 아이 자신이 정상적으로 말을 할 수 있다는 확신을 갖도록 도와주는 것입니다. 초기 단계에서는 제스처 등 비언어성 대화를 하도록 하고, 점차 한 단어로 대답하게 하며, 이후 복잡한 문장으로 대화할 수 있도록 도와줍니다. 또 불안이나 우울증 같은 증상이 있는 경우에는 나이에 따라 놀이치료나 정신치료가 도움이 되기도 합니다. 언어발달에 장애가 있다면 언어치료를 병행해야 합니다. 이 외에 필요하다면 전문가의 도움을 받아 약물치료도 적극 고려해야 합니다.

자살 충동

자살自殺은 말 그대로 스스로를 죽이는 것입니다. 자살은 의학적 법적 사회적 목적에 따라 다르게 말해질 수 있지만, 일반적으로 '자발적으로 그리고 의도적으로 자신의 생명을 끊거나 끊으려고 시도하는 행위 혹은 그러한 경향'입니다.

연일 보도되는 자살 소식은 우리를 슬픔과 충격에 몰아넣습니다. 재벌 총수 자살, 전직 대통령 자살, 탈랜트나 가수 등 유명 연예인 자살, 생활고를 견디다 못해 가족과 함께 목숨을 끊는 자살, 어린이 청소년 자살, 노인 자살 등 자살이 연령과 계층을 불문하고 이루어지고 있습니다.

다음 표에서 보듯이 우리나라 자살사망률은 OECD 국가* 중 세계 1위입니다. 2012년

OECD 국가
경제협력개발기구(Organization for Economic Co-operation and Development)를 뜻하는 세계적인 국제기구임. 현재 가입국은 영국, 프랑스, 독일 등 유럽 22개국, 미국, 캐나다, 멕시코, 한국, 일본, 오스트레일리아, 뉴질랜드 등 29개국으로 한국은 1996년 12월에 가입했다.

2019 OECE 국가자살률 TOP5(명)

한국
25.6

미국
13.9

캐나다
11.8

OECD평균
11.5

영국
7.3

통계청이 발표한 우리나라 자살통계 자료에 따르면 연간 14,160 명이 자살하고 이를 환산하면 매일 약 39.6명이 자살합니다. 이는 36분마다 국민 한 사람이 스스로 목숨을 끊는다는 것으로, 자살이 심각한 사회적 문제로 떠오른 지 오래입니다.

그런데 실제 자살로 생을 마감한 사람 외에 평소 자살을 생각하거나 자살을 시도하려는 사람이 더 많다는데 문제의 심각성이 있습니다. 자살시도와 관련하여 청소년들은 약 2백 건의 자살시도가 1건의 자살사망으로 이어지고, 노인의 경우에는 4건의 자살시도가 1건의 자살사망으로 이어지고 있습니다.

일반적으로 자살 시도자나 실제 자살자들은 60% 이상이 정신과적인 문제를 안고 있다고 합니다. 우울증, 약물남용, 정신분열장애 등이 원인으로 작용하는데 청소년기에는 특히 충동성이 문제가 되어 충동적으로 자살을 시도하게 됩니다. 또 청소년 자살 시도자나 자살자 중 상당수는 발달과정에 문제가 있다고 합니다. 상당수의 자살 시도 청소년은 약물남용이나 성격 장애가 있고, 특히 반사회적 성격 또는 성격장애 청소년들이 자살 시도를 많이 하고 있어, 이들에게 나타나는 공격성과 충동성 그리고 자살 행동은 밀접한 관련이 있는 것으로 보입니다.

청소년기는 2차 성징이 나타나면서 몸 상태가 변하고 정신적으로도 불안정합니다. 최근 들어 공격적인 청소년이 늘어난 이유에 대해서도 전문가들은 충동성 증가를 가장 큰 원인으로 꼽습니다.

충동성 조절은 뇌의 전두엽에서 합니다. 지속되는 스트레스나 폭력 게임 등 자극적인 프로그램은 뇌를 과도하게 긴장시켜 충동성이 늘어나고, 공격적인 뇌가 되도록 합니다. 이런 분노 감정과 공격성이 충동적으로 폭발하여 외부로 향하면 사회적 범죄가 되고, 자신에게로 향하면 극단적인 자살이 됩니다.

다음은 자살 충동과 관련한 학생 작품입니다.

■ 내가 가장 살기 싫었을 때는 정말 정말 많았다. 그 중의 딱 한 가지를 뽑자면 요즘 최근에도 살기 싫을 때가 많다. 맨날 하루에 한 번씩은 친구랑 싸우고 화해하고 싸우고 화해하고를 반복한다. 이게 별것 아니라고 생각할지 모르지만 나에게는 큰 스트레스를 준다. 심지어 그 스트레스로 장까지 꼬일 정도로... 이뿐만이 아니다. 집에 가면 TV 때문에 동생과 몸싸움이랑 욕으로 말다툼을 한다. 하지만

동생이랑 싸울 땐 큰 스트레스를 받지 안 해서 그나마 좀 낫다 생각한다. 그런데 정말 살기 싫은 순간이 있다. 바로 우리 엄마 아빠가 싸울 때이다. 요즘 경제적으로 많이 어려우셔서 자주 싸우는데, 그때마다 자꾸 나도 모르게 삶의 의욕이 떨어진다. 괜히 내가 죄인인 것 같은 느낌이 나를 자꾸 힘들게 한다. (중2, 여)

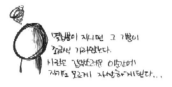

 글 ①을 쓴 학생은 친구 문제, 동생 스트레스, 부모님의 가정불화로 죽고 싶다고 합니다. 청소년들은 흔히 질병이나 성적부진, 가족 친구에게 받는 의심, 차별 대우, 억울함, 형제간 갈등 등으로 죽고 싶다고 합니다. 그러나 대부분 순간적인 충동에 그칠 뿐, 죽는 게 무서워서 또는 가족에게 상처를 줄까 봐, 등의 이유로 자살을 포기합니다.

그림 ②는 갑자기 찾아오는 자살 충동의 순간을 그리고 있습니다. 글과 그림이 너무 사실적이어서 이 그림을 그린 학생이 실제로 많은 자살 충동에 시달리지 않았나 하는 생각이 들기까지 합니다.

청소년 자살 요인에는 심리적 요인과 사회 환경적 요인을 들 수 있습니다.

• 심리적 요인

  - 자신에 대한 비난과 부정적 평가.

  - 우울증.

  - 낮은 자아존중감.

  - 현실도피적인 사고.

- 자아 위축적인 성격.

- 무력감.

- 가족과 학교에 대한 애착과 헌신 부족.

- 충동성.

• 사회 환경적 요인

- 부모로부터 정서적 박탈, 의사소통 결여.

- 부부 간 또는 부모와 자녀 간 잦은 갈등 및 가족관계
  불만족.

- 가정 폭력.

- 학교 부적응.

- 친구(이성, 동성)문제.

- 학업, 학교 문제.

- 학교폭력, 집단 따돌림.

- 인터넷 사이트나 매스미디어를 통한 왜곡된 죽음의
  이미지나 정보.

- 자살을 미화하는 문화적 및 종교적 신념.

청소년들은 자신을 지지하는 사회적 기반과 안정된 환경, 부모
친척 간의 원만한 관계 등에 문제가 있을 때, 가까운 친구 등 자
기를 이해해 줄 사람이 없을 때, 문제가 생겨도 도움을 청할 사람

이 없어 무력감을 느낄 때 충동적으로 자살을 합니다. 또 자살 문제를 다루는 보도 방식이 청소년 자살을 부추기고 있습니다. TV나 다른 대중매체를 통해 자살이 상세히 보도되거나 심지어 미화되고 있고, 어떤 문제 해결의 방법으로 자살을 부각시키는 경향은 자살 충동을 갖게 합니다.

자살 연구가인 토마스 조이너 교수에 따르면, 세 가지 심리 조건이 합쳐져야 자살을 한다고 합니다. 첫째는 사회적으로 고립되었다고 느끼는 마음, 둘째는 타인에게 짐이 된다는 부담감, 셋째는 두려움이 없는 마음, 즉 고통에 대한 내성입니다. 이 세 가지 심리 조건 중 하나만 부족해도 자살하지 않는다고 합니다.

일반적으로 자살자들은 자살 징후를 언어와 행동으로 보여줍니다. 일종의 자살 경고라고 할 수 있는데 다음과 같은 징후를 보인다고 합니다.

- 자살에 대해 이야기한다. : 자살하려는 사람 10명 중 8명은 자살 의도를 다른 사람에게 이야기했으며, 그 중 50% 이상이 "죽고 싶다." "더 이상 여기 없을 거야."와 같이 직접적으로 표현했습니다.
- 주변을 정리하는 행동을 보인다. : 유서를 작성하거나 자기가 아끼는 물건을 다른 사람에게 나누어주거나, 자기 주변을 정리하는 행동을 보입니다.

- 몸을 돌보지 않거나 자해행동을 한다. : "나한테 무슨 일이 생기든 상관없어." "내가 죽는다고 누가 신경이나 쓰겠어." 같은 말을 하며 술을 마시고 건강을 돌보지 않습니다.
- 행동이 변한다. : 전에 활발했던 사람이 혼자서만 지내거나 슬픔에 빠져 주변 일에 무감각해집니다.
- 환경의 변화가 있거나 소중한 사람을 잃은 경우 : 예상치 못하게 직장을 잃었거나 배우자 등 소중한 사람을 잃을 경우 심각한 우울증에 걸리거나 자살할 위험에 빠집니다.
- 만성질환으로 고통 받는 경우.

이런 경우에는 반드시 자살할 생각이 있는지 물어보아야 하며, 자살할 만한 도구를 치우고 전문가의 도움을 받는 등 적극적으로 대처해야 합니다.

특히 청소년들이 자살 징후를 보일 때는 우선 부모나 형제들이 자세하게 그 기분, 자살하려는 이유 등에 대해 직접 질문을 하여 솔직한 대답을 듣는 것이 중요합니다. 자살에 대해 직접 질문하는 것이 자살에 대한 생각을 불러일으키지 않게 하기 때문입니다. 학교나 사회에서의 대책도 중요합니다. 자살예방 교육, 자살 징후에 대한 대처방법, 자살 고위험군 학생에 대한 지속적이고 체계적인 관리가 필요합니다.

베르테르 효과와 파파게노 효과라는 것이 있습니다. 베르테르 효과*란 유명인이나 자신이 모델로 삼고 있던 사람 등이 자살할 경우, 그 사람과 자신을 동일시해서 자살을 시도하는 현상을 말합니다. 이른바 '동조자살' '모방자살'이라고도 합니다. 언론보도의 부정적인 측면을 말합니다.

베르테르 효과
괴테의 소설 『젊은 베르테르의 슬픔』에서 유래한 말로, 주인공 베르테르가 자살하자 그에 영향을 받은 사람들이 연이어 자살한 것을 말한다.

그에 반해 파파게노 효과란 언론보도의 긍정적인 효과를 말합니다. 이 말은 모차르트의 오페라 <마술피리>에서 왔습니다. 마술피리의 주인공 파파게노가 이루지 못한 사랑을 비관하여 자살하려 하자 세 명의 요정이 나타나 희망의 노래를 부릅니다. 결국 극적인 요정의 도움으로 파파게노는 죽음의 유혹을 뿌리치고 절망을 극복합니다.

자살로 모든 것을 해결할 수 있다는, 또 사회적 요인 때문에 어쩔 수 없이 자살했다는 베르테르 효과와 달리, 파파게노 효과는 절망을 극복하고 희망으로 삶을 건너오게 합니다. 파파게노 효과! 서로가 서로에게 "죽지마, 내가 있잖아!"라고 희망의 손을 내밀 수 있을 때 파파게노 효과는 살아나지 않을까요?

오페라 <마술피리>

≈≈16≈≈
질투심

    우리 속담에 "사촌이 논을 사면 배가 아프다"는 말이 있습니다. 질투심을 나타내는 말입니다. 그런데 여기서 재밌는 것은 왜 하필이면 '사촌'이라고 했을까 하는 점입니다. 다른 사람도 아니고 사촌. 아하, 그렇습니다. 질투는 나와 가까운 사람이 잘될 때 시기하는 마음입니다. 나와 아무 관계가 없는 사람이 잘 되는 것은 질투하지 않는데, 나하고 친한 사람, 가까이 지내는 사람이 잘 되는 것은 못 봐준다는 말이 그 안에 들어 있습니다.

    질투심이란 다른 사람이 잘되거나 좋은 처지에 있는 것 따위를 미워하고 깎아내리려는 마음입니다. 질투심은 처음 부러움에서 시작하여 시기, 질투의 방향으로 나아갑니다. 우리는 간혹 친구가 좋은 자동차를 사거나 좋은 옷을 입으면 부러워합니다. 부럽다는 의미 속에는 '나도 그렇게 했으면'하는 희망사항이 들어 있습니다. 운동을 잘하거나 공부를 잘하거나 집이 부자거나 외모가 잘 생겼거나 우리 주변에 부러움을 느끼게 하는 대상은 참 많습니다. 그러니까 부러움 자체는 누구나 가질 수 있는 자연스런 감정이라고 할 수 있습니다. 그런데 부러움이 도가 지나쳐 의심하고, 증오하며, 파괴하려는 질투심으로 발전하면 문제가 됩니다.

　질투심에 사로잡힌 사람은 남을 괴롭히는 것은 물론 평소 자기 자신도 학대합니다. '상대는 잘나가는데 나는 어쩌다 이 꼴인가?' '세상을 살 가치가 있나?' 하면서 계속되는 열등감과 자기학대 자기비하에 시달립니다. 끝없이 속이 부글부글 끓어 선한 방향으로 써야 할 에너지를 모함하고 파괴하고 공격하는 데 써 버립니다.

　시기와 질투는 얼핏 보면 같은데 실은 다르다고 합니다. 아리스토텔레스는 시기와 질투를 다음과 같이 구분해서 설명했습니다.

　　• 시기 : 자기가 갖지 못한 것을 다른 사람이 갖고 있어서
　　　　 슬퍼(분노)하는 것.
　　• 질투 : 다른 사람이 가진 것을 자기가 갖지 못해
　　　　 슬퍼(분노)하는 것.

　자, 어떤가요? 그게 그 말 같지 않은가요? 그렇습니다. 내용은 똑같은 말입니다. 그런데 질투는 초점이 자기 자신에게 향해 있고 시기는 다른 사람에게 있습니다. 질투가 자기 자신을 대상으로 하는 것이라면 시기는 언제나 타인을 향합니다. 상대방을 미워하는

마음은 시기심이고, 상대방으로 인해 자신이 초라해 보이고 의기소침해 있다면 질투하는 것입니다. 그러니까 질투심과 시기심은 동전의 양면과 같습니다.

질투심과 관련한 학생 작품을 먼저 보고 다음 이야기로 넘어가겠습니다.

■ 나는 친한 친구가 다른 친구와 놀 때 질투가 납니다. 또 나보다 더 공부를 잘하거나 예쁜 것을 가지고 있을 때는 부럽기도 하고 질투가 납니다. 그리고 선생님이 다른 친구만 칭찬할 때도 질투가 나곤 합니다. 질투는 학교에서뿐만이 아니라 집에서도 납니다. 엄마가 동생이나 언니만 챙겨줄 때, 오늘도 저번에 내가 학부모 만족도 조사하라고 하니깐 하더니 오늘은 동생 학부모 만족도 조사해야 한다고 아침부터 어떻게 하냐고 물어보았습니다. 그걸 보고 좀 화가 났습니다. 질투를 하지 않으려고 같이 축하해 주려고 해도 부러움과 샘이 나서 어쩔 수 없이 질투가 납니다. 근데 여태껏 살면서 질투를 안 해본 사람이 있을까요. 아무리 착해도 질투는 날 것입니다! 선생님도 질투는 없는 것보다 있는 것이 좋다고 하셨습니다. 질투를 함으로써 상대방을 뛰어넘으려고 노력도 하고 나도 해 봐야지 하는 생각을 해서 질투는 좋다고 했습니다. 이제부턴 별 거 아닌 일에 질투하지 말고, 본받을 만한 일을 질투해서 나도 그렇게 되도록 노력하겠습니다. 그리고 내가 질투하지 말고 질투를 받는 사람이 되겠습니다. (중, 여)

1. 난 둘째여서 관심이 언니에게로만 갈때 질투심이난다

엄마

아빠 대학교..

언니 금나..금나

질투심

나

난 질투심이 엄청 크다!

〈중1, 여학생〉

중학교 1학년 학생의 글이지만 글 ①에는 질투를 하게 되는 원인이 잘 나타나 있습니다. 그림 ②에서는 언니만 예뻐하는 가족들에게 대한 질투가 재밌게 표현되어 있습니다. '나는 작지만 질투의 그림자는 크다'라는 글귀가 이 그림의 압권입니다.

질투심이나 시기심은 왜 생기는 걸까요? 뭐니뭐니해도 경쟁심을 빼놓을 수 없습니다. 현대사회에서 사람들은 돈, 명예, 외모, 학벌 혹은 자녀의 학업성취 등으로 서로를 비교하면서 경쟁합니다. 일등이 아니면 알아주지 않는 사회심리가 팽배해지면서 경쟁은 더 심화됩니다. 예전에도 경쟁이 없지는 않았지만 제한적이었습니다. 그러나 1990년대 들어 세계화가 진행되면서 사람들은 전 세계 사람을 대상으로 경쟁해야 하는 처지에 놓였습니다. 승자독식, 이등은 죽음이다 같은 말이 많은 사람을 열등감에 빠지게 하고, 그 결과 질투심과 시기심을 갖게 합니다.

워터하우스의 그림 〈에코와 나르키소스〉 부분

　이같이 타인과의 경쟁심도 질투심을 갖게 하지만, 어려서 형제 간 경쟁이 심한 분위기에서 자란 사람도 질투심을 갖는다고 합니다. 부모에게 서로 먼저 인정받으려고 티격태격하는 심리가 커서 질투심으로 이어진다는 것입니다. 또 어머니가 냉정하거나 자녀에게 사랑을 주지 못하는 경우에도 자녀는 감정적으로 미숙하여 그리된다고 합니다. 인격 발달이 원만하지 않고 모든 관심이 자기 자신에게만 쏠리는 나르시시즘*에 빠진 사람도 그렇습니다.

나르시시즘
물에 비친 자기 모습에 반해 물에 빠져 죽은 그리스 신화의 미소년 '나르키소스'에서 온 말로, 외모나 능력 등이 자기가 제일 잘났다고 여기는 증상.

　질투심과 시기심은 부메랑 같습니다. 그것의 희생자는 항상 자기 자신입니다. 질투나 시기심과 관련하여 다음 우화가 떠오릅니다.

한 농부가 염소와 당나귀를 기르고 있었습니다. 주인은 무거운 짐을 묵묵히 잘 나르는 당나귀를 매우 사랑했습니다. 염소는 주인의 이런 태도가 못마땅했습니다. 염소는 시기와 질투를 느껴 당나귀를 해칠 계략을 꾸몄습니다.

"당나귀야, 너처럼 불쌍한 동물도 없을 거야. 주인은 너한테만 힘든 일을 시키니 이런 억울한 일이 어디 있니? 내가 일에서 벗어날 한 가지 꾀를 가르쳐줄게."

어느 날 염소는 당나귀 귀에 대고 속삭였습니다.

"짐을 싣고 개울을 건널 때 자꾸 넘어지렴. 그러면 주인은 네 몸이 쇠약한 줄 알고 다시는 힘든 일을 시키지 않을 거야."

당나귀는 개울을 건널 때 일부러 계속 넘어졌습니다. 주인은 평소 건강하던 나귀가 넘어지는 것을 보고 깜짝 놀라서 의사를 데려왔습니다. 의사는 "당나귀의 기력이 약해졌으니 염소의 간을 먹이면 금방 낫는다."고 알려주었습니다. 주인은 즉시 염소를 잡아 나귀를 치료했습니다.

질투와 관련해 한 가지 특징은 질투는 거의 대부분 열등감에서 비롯되며, 아주 가까운 사람 사이에서 일어나면 그 불길이 더 사나워집니다. 같은 분야에서 일하는 경쟁관계에 있는 사람들, 애인 사이, 친구 사이, 부부 사이에 질투를 하게 되면 증오하고 파괴하려는 마음이 더욱 심화됩니다.

질투는 마음을 썩어가게 합니다. 누군가를 질투하면 그 사람을 좋은 시선으로 보기 어렵고 대하는 것도 불편하게 됩니다. 말 그대로 마음에 불이 일어납니다. 질투와 시기는 감사하는 마음을 사라지게 하고 부정적인 감정에 사로잡히게 합니다. 결국 다른 사람의 삶도 해치고 자신의 삶도 해치게 됩니다. 질투와 시기는 자기 삶에 집중하지 못하는 사람들이 갖게 되며 잔혹하고 죽음처럼 강합니다.

『아마데우스』라는 영화에 살리에르라는 사람이 나옵니다. 살리에르는 위대한 음악가를 꿈꾸었고 자신의 재능이 최고이기를 바랐으며 또 실제로 그렇다고 생각했습니다. 그러나 모차르트를 만나면서 그의 천부적 재능을 확인하는 순간 살리에르는 좌절합니다. 그리고 신을 원망합니다. 모차르트같이 철없고 방만한 사람한테는 천재적 재능을 주고, 진정 하나님을 찬양하고 평생 음악에 헌신해 온 자신에게는 그것을 알아볼 정도의 능력밖에 주지 않았다고 말입니다. 하지만 살리에르가 알지 못한 것이 있습니다. 모차르트의 천재성을 알아보는 혜안을 가진 자신이야말로 상당한 능력을 부여받았다는 것을. 결국 살리에르는 모차르트를 질투하여 그로 인해 그는 자신의 음악적 재능을 발휘하지 못합니다.

이와 같이 누군가를 질투하면 자신에게 있는 소중한 장점을 보지 못합니다. 눈 먼 질투는 많은 것을 가려 보지 못하게 하며, 결국 파괴를 가져올 뿐입니다.

질투심이 많으면 마음이 어려워집니다. 질투는 마음에 염산을 뿌려 마음을 부글부글 끓어오르게 하기 때문입니다. 질투심에서 벗어나기 위해서는 자기 존재의 의미를 깨달아야 합니다. 존재의 의미라고 해서 복잡하게 생각할 것은 없습니다. 질투심이 느껴질 때마다 자신에게 있는 타인이 갖지 못한 것을 떠올려 보세요. 그리고 그 점에 대해 감사하는 마음을 가지세요. 사람은 누구나 자기 자신답게 살아갈 때 가장 아름답고 완벽해집니다.

질투심을 예방하기 위해 대상의 선택을 다양화 할 필요가 있습니다. 이 말은 평소에 관심의 폭을 넓히라는 말과 같습니다. 많은 경험을 한 사람일수록, 공부도 어느 한 분야만 한 게 아니라 여러 방면에 걸쳐 두루 많이 한 사람일수록 질투하지 않습니다. 자신의 역량이 100이라면 그 100을 모조리 쏟아 어떤 일을 가까스로 이룬 사람과, 자기 역량의 80을 쏟아 이룬 사람과 누가 더 질투심이 심하겠습니까? 당연히 80을 쏟아 이룬 사람이, 그만큼 인생을 여유 있게 살며 질투심에서 벗어날 수 있습니다.

조선시대 이덕무라는 사람은 이런 말을 했습니다.

"쇠똥구리는 자기 쇠똥을 보배롭게 여기고, 용은 자기 여의주를 보배롭게 여긴다. 쇠똥구리는 여의주를 부러워하지 않고, 용은 쇠똥구리의 쇠똥을 비웃지 않는다."

자기 자신에 만족하는 자세야말로 질투심을 극복하고 평화로운 마음으로 건강하게 살 수 있는 비결입니다.

스트레스

스트레스stress는 '팽팽하게 당긴다'라는 뜻의 라틴어 'stringer'에서 온 말로, 삶을 팽팽하게 죈다는 뜻입니다. 다시 말해 스트레스란 내외적 환경의 자극으로 인해 발생하는 몸의 반응을 말합니다. 서양에서는 일찍이 스트레스를 질병으로 취급했습니다. 동양에서도 예로부터 사람의 감정이 몸에 막대한 영향을 준다는 한의학 이론에 따라 정신적 스트레스가 질병을 유발한다는 점에 주목해 왔습니다.

스트레스를 받게 되어 교감신경*이 자극을 받게 되면 심장 박동 수가 증가하며 근육의 동맥이 확장되고 소화기관과 피부의 세동맥이 수축하여 혈압이 상승합니다. 이를 통해 피부나 위장의 혈액이 뇌, 심장, 근육으로 집중되며 동공이 확대되고 항문과 방

교감신경
사람의 자율신경계는 교감신경계와 부교감신경계가 있는데, 이들은 서로 반대되는 작용을 한다. 예컨대 교감신경은 심장박동을 촉진하고 부교감신경은 이를 억제한다. 교감신경은 신체가 위급한 상황일 때 이에 대처하는 기능을 한다.

광의 수축이 일어나며 땀이 분비되고 피부 털이 일어서게 됩니다.

그 결과 불안해지고, 괜히 짜증이 나고, 몸과 마음이 모두 편치 않고, 가슴이 두근거리고, 호흡도 빨라지고, 답답한 느낌이 들고, 입이 마르고, 위장이 놀라서 탁 멎고, 갑자기 위산이 마구 분비되어 속이 쓰립니다. 어지럽고 하늘이 노래지는 등의 증상들이 나타나며 뇌가 지나치게 활성화 되어 잠도 오지 않고, 머리 주변 근육이 긴장되어 두통이 생기고, 가슴 주위 근육이 긴장이 되어 가슴에 압박감이나 통증을 느끼기도 합니다. 또 손발로 가는 혈관이 수축되어 손발이 차거나 저리기도 합니다.

스트레스의 원인을 스트레스인자stressor 또는 유발인자trigger라고 합니다. 스트레스 유발인자에는 외적원인과 내적원인이 있는데, 스트레스는 대부분 자기 자신의 내적원인에 의해 일어납니다. 그것을 좀 더 자세히 살펴보겠습니다.

• 외적 원인
  - 물리적 환경 : 소음, 강력한 빛, 열, 한정된 공간.
  - 사회적 환경 : 주로 사람과의 관계에서 오는 것으로 무례함, 명령, 다른 사람과 격돌.
  - 조직사회 : 규칙이나 규정, 형식 절차, 마감 시간 등.
  - 생활의 큰 사건 : 친족의 죽음, 직업 상실, 승진, 아기 출생.
  - 일상생활 : 통근, 열쇠 잃어버림, 집안 시설 고장 등.

- 경제문제 : 돈, 세금 납부 등.

• 내적 원인
  - 생활 습관 : 카페인, 충분하지 못한 잠, 과중한 스케줄 등.
  - 부정적인 생각 : 비관적인 생각, 자신 혹평, 과도한 분석.
  - 좋지 않은 마음 작용 : 비현실적인 기대, 독선적인 소유,
    전부 아니면 전무(全無)라는 생각, 경직된 사고 등.
    - 그 외 : 성취 지향적이고 강박적인 성격의 소유자. 한 번
      에 두 가지 일을 할 정도로 항상 조급해 하고 쉼 없이 일
      하는 완벽주의자, 일벌레 등.

　여기서 중요한 것은 스트레스의 대부분을 자기 자신이 만들어
낸다는 것입니다. 이 점은 스트레스를 극복하는데 매우 중요한 문
제로, 우리는 흔히 스트레스를 외적 원인 때문에 받는다고 생각하
는데 그렇지 않습니다. 마음, 성격, 생활 습관 등이 일차적으로 스
트레스의 주원인이 된다는 것입니다.
　그럼 여기서 스트레스에 대한 자가진단을 통해 스트레스 대응
방식을 평가해 볼까요?
　아래 진단표를 읽고 현재 여러분 자신에게 적용되거나, 지난 12
개월 동안 적용되어 왔거나, 또는 과거 심한 긴장을 경험했다면
＿＿＿ 속에 √ 표를 하면 됩니다.

_____ 1. 쉽게 흥분한다.

_____ 2. 일정기간 동안 정신을 집중하는데 어려움이 있다.

_____ 3. 아침에 일어날 때 피로감을 느낀다.

_____ 4. 아주 사소한 결정도 잘 내리지 못한다.

_____ 5. 잠드는데 어려움이 있으며, 밤에 깨어나 안절부절
못할 때가 있다.

_____ 6. 보통 때보다 더 많은 일을 해야 한다.

_____ 7. 대체로 기진맥진해 하고 몸이 불편한 것을 느낀다.

_____ 8. 산다는 것은 희망이 없어 보이며, 가치 있는 것은
아무 것도 없는 것 같고, 나 자신이 참으로 못났다고
생각한다.

_____ 9. 식욕은 없지만 건강을 위해 음식을 먹는다.

_____ 10. 새로운 일에 흥미를 집중하지 못한다.

_____ 11. 잦은 두통으로 고생한다.

_____ 12. 내가 어떤 것을 하도록 요구받았을 때 필요한 정
보를 상기하는데 어려움이 있다.

_____ 13. 보통 때보다 술을 더 많이 마신다.

_____ 14. 때로는 매우 격앙되고 때로는 우울해지는 등 심한
감정 동요가 있다.

_____ 15. 한두 가지 중요한 약속을 어겼거나 늦은 일이 있다.

_____ 16. 들떠 있어서 적절하게 휴식을 취하지 못한다.

_____ 17. 이전에 비해 창의성이 떨어진다.

_____ 18. 때때로 불안하여 잠이 오지 않는다.

_____ 19. 소화불량으로 자주 고생한다.

_____ 20. 특정한 문제에 주의를 집중하는 능력이 떨어진다.

_____ 21. 아주 사소한 것에도 공포를 느끼며, 더 이상 대처
할 능력이 없는 것 같다.

_____ 22. 보통 때보다 담배를 더 많이 피운다.

_____ 23. 자주 소변을 보고 싶다.

_____ 24. 편안하게 쉴 수가 없다.

_____ 25. 매사에 걱정거리가 많다.

* 이상 옆의 문항에 체크한 것을 각각 1점씩 계산하여 합산
하세요.

나의 총 점수는?   _____

총점이 0-10점인 경우

당신은 정직하게 응답하지 않았거나, 그렇지 않다면 당신 자신의 스트레
스 경고 신화를 잘 인식하지 못하고 있습니다. 또는 이미 스트레스 상황
에 특별한 방식으로 잘 반응하는 경향을 가지고 있습니다.

총점이 11-15점인 경우
당신은 상당한 정도의 스트레스를 경험하고 있거나, 오랫동안 과다한 스트레스로 인해 어려움을 겪었을 것으로 보입니다. 따라서 이를 극복하기 위해 **좀 더 적극적인** 노력이 필요합니다.

총점이 16점 이상인 경우
당신의 스트레스 반응은 위험한 상태로 도움을 받을 필요가 있습니다.

한편 통계청의 조사 발표에 의하면 우리나라 청소년들은 집, 학교, 일상생활 전반에 걸쳐 성인과 같은 수준의 스트레스를 받고 있습니다.

아래 표를 보면 2008년과 2010년 청소년 스트레스 정도를 비교해 볼 때 스트레스가 10% 정도 증가한 것으로 나타나 있습니다. 또 절반이 넘는 청소년들이 가정 학교 및 전반적인 생활에서 스트레스를 받고 있으며, 자신의 삶에 만족하지 못하고 있습니다.

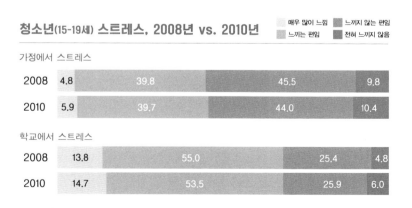

청소년(15-19세) 스트레스, 2008년 vs. 2010년

매우 많이 느낌 / 느끼는 편임 / 느끼지 않는 편임 / 전혀 느끼지 않음

가정에서 스트레스

	매우 많이 느낌	느끼는 편임	느끼지 않는 편임	전혀 느끼지 않음
2008	4.8	39.8	45.5	9.8
2010	5.9	39.7	44.0	10.4

학교에서 스트레스

	매우 많이 느낌	느끼는 편임	느끼지 않는 편임	전혀 느끼지 않음
2008	13.8	55.0	25.4	4.8
2010	14.7	53.5	25.9	6.0

전반적인 생활에서 스트레스

연도				
2008	4.3	55.7	35.5	4.5
2010	12.0	58.3	27.5	2.3

그렇다면 우리나라 청소년들은 어떤 문제로 스트레스를 받고 있을까요?

청소년이 고민하는 문제(주된 응답)

2002년 15-19세   2010년 15-18세

공부/성적/적성   외모/건강   가정
                18.4%   6.8%
48.9%   용돈 직업 이성 친구
              인터넷/게임 중독 음주/흡연
                  학교폭력

공부/성적/적성   외모/건강
                16.0%
                직업 용돈
                8.0%
                가정 친구
59.5%   6.4% 없음

구분	외모/건강	가정환경	용돈	공부	직업(선택, 보수)	친구	이성교제(성문제)	학교폭력	흡연, 음주	인터넷, 게임 중독	기타	고민 없음
2002년	18.4	6.8	5.7	48.9	5.2	3.3	5.5	1.2	1.5	3.1	0	0.4
2010년	16	6.4	3.6	59.5	8	2.2	0.7	0.2	0.1	0.2	0.3	2.9

* 2010년 '가계 어려움'은 '가정환경'에 넣음(통계청, 사회조사(2002, 2010).

바로 공부 성적 적성 문제로 스트레스를 받고 있으며, 이는 2010년 기준 59.5%로 압도적인 1위를 차지하고 있습니다. 또 2002년과 2010년 청소년 고민 문제를 비교해 보면 공부 성적 적성에 대한

고민이 10% 정도 증가했다는 것을 볼 수 있는데, 이는 날이 갈수록 치열해지는 성적경쟁, 입시 경쟁이 청소년들에게 과도한 스트레스로 작용하고 있다고 볼 수 있습니다.

스트레스라고 해서 모두 다 나쁜 것은 아닙니다. 적절한 스트레스는 건강을 위협하지 않고 대인관계를 원만히 하며 긍정적인 효과를 극대화 시켜 생활에 활력을 불어넣고 자신감과 일의 창의성을 높이기도 합니다. 그러나 지나칠 경우 문제가 되는데, 따라서 우리는 자기 나름대로 스트레스에 대해 대처하는 방법을 한두 가지 가져야 합니다. 삶은 사건의 연속이며, 사건이란 곧 스트레스를 의미하기 때문에 자기 나름대로 스트레스 해소법 한두 가지는 몸에 익힐 필요가 있습니다.

앞서 말했듯이 스트레스의 대부분은 자기 스스로 만들어내는 것입니다. 외적 원인 때문이라고 생각하는 경향이 많은데 그렇지 않다는 것, 스트레스의 대부분은 생활습관, 성격 등 자기 자신의 문제에 의해 일어난다는 것, 이 점을 이해하는 것이 스트레스 대처에 아주 중요합니다.

스트레스 예방과 치료에는 여러 가지가 있습니다. 사람에 따라 제각각 다르기 때문에 방법도 천차만별입니다. 여기서 스트레스 예방과 관련해 한 가지만 말씀드린다면 바로,

"NO!"

입니다. 아니라고 말해야 할 때 과감히 '아니오.'라고 하십시오.

이렇게 자기 의사를 분명히 함으로써 많은 스트레스에서 벗어날 수 있습니다.

　다음과 같은 좁은 공간에서 쉽게 할 수 있는 동작도 스트레스 해소에 도움이 됩니다.

- 편안하게 팔을 앞으로 향한 후 주먹에 힘을 주는 동작을 15초 간격으로 2~3회 반복한다.
- 주먹에 힘을 준 상태로 한쪽씩 팔 구부리기를 반복한다.
- 팔에 힘을 준 상태로 고개를 좌, 우로 천천히 돌려준다.
- 팔에 힘을 준 상태로 어깨를 위로 올리는 동작을 반복한다.

　청소년들의 경우 마음껏 소리 지르기, 땀 흘리며 운동하기, 취미 생활, 음악 감상, 독서 삼매경에 빠지기, 수다 떨기, 게임 등도 스트레스 해소를 위해 유익한 활동입니다. 명상도 좋습니다. 조용한 곳에서 자세를 바르게 하고, 편안한 상태에서 눈을 감은 뒤 모든 근육을 이완시킵니다. 그 후 코를 통해 호흡을 하며 잡생각이 떠오를 때마다 무시하고 오직 하나의 단어나 풍경을 생각하도록 합니다. 시간은 약 10~20분 정도가 좋으며 명상이 끝난 뒤에도 약 10분 정도 그대로 조용히 앉아 있습니다.

분노

    순간의 분노를 참지 못해 여러 문제를 일으키는 사람들이 많습니다. 순간적인 화를 참지 못해 인생에 낭패를 불러오는 경우가 많습니다. 부부싸움 중에 화를 참지 못해 집에 불을 지른다든가, 주차 문제로 시비가 붙어 싸우다 살인을 한다든가, 심지어 길을 가는데 쳐다본다는 이유만으로 화가 나 폭행을 했다는 등, 분노로 인한 사건 사고가 끊이지 않고 있습니다. 사회 지도층 인사부터 청소년에 이르기까지 분노로 인한 사회 문제는 갈수록 늘어나 우리 사회를 '분노 폭발사회'라고 해도 과언이 아닙니다. 얼마 전 대한항공에서 일어난 이른바 '땅콩 회항' 사건도 그렇습니다. 뉴욕에서 인천으로 향하던 항공기 내에서 한 승무원이 조현아 부사장에게 땅콩을 봉지 째 권한 게 발단이 된 이 사건은 한 순간의 화를 참지 못해 그 여파로 당사자가 구속 수감되는 결과를 가져왔습니다.

    인간의 가장 기본적인 감정 중 하나가 분노입니다. 분노는 말과 행동이 돌발적으로 격렬하게 표현되어 나타납니다. 과도한 스트레스에 장기간 노출되거나 가슴 속에 화가 쌓여 있으면 이것이 잠재되어 있다가 감정을 자극하는 상황이 발생하면 화로 폭발합니다. 특히 성장 과정에서 정신적 외상이 있을 경우 분노 조절이 더 안 된다고 합니다.

분노는 분노를 표현하는 방식에 따라 겉으로 드러내거나 안으로 품는 방식이 있는데, 이 두 가지가 조화를 이루지 못하고 병적으로 표출될 때 이를 '분노조절장애'라고 합니다. 예전에는 사람이 화가 났을 때 겉으로 드러내지 못하고 안으로 품어 삭혀 이른바 '울화병'에 많이 걸렸습니다. 그러나 지금은 지나친 분노 폭발로 인해 분노조절장애가 많아지고 있습니다.

분노조절장애에는 두 가지 양상이 있습니다. 충동적인 분노 폭발형과 습관적 분노 폭발형이 그것입니다. 충동적 분노 폭발형은 순간적으로 화를 참을 수 없어 분노가 폭발하는 것으로 이런 사람을 흔히 다혈질이라고 합니다. 습관적 분노 폭발형은 어떤 목적을 달성하기 위해 분노 표현 자체가 효과적이라는 것을 학습한 사람들로, 목소리 크면 이긴다는 식의 경험을 통해 시간이 갈수록 분노 표출 빈도가 많아진 사람들입니다.

화가 나면 코티졸이나 아드레날린과 같은 호르몬이 분비되면서 몸은 싸우거나 도망칠 준비를 합니다. 눈동자가 커지고 호흡이 가빠지면서 가슴이 방망이질 칩니다. 근육에 힘이 들어가 손발이 떨리고 에너지를 공급하는 신진대사가 급격히 증가합니다. 이런 상태는 화가 가라앉으면 자연스럽게 정상으로 돌아오지만, 반복적인 화나 급격한 분노가 일면 몸에 여러 가지 문제를 일으킵니다. 기억력과 판단력 같은 뇌의 기능도 떨어지고 우울증이나 화병 같은 질병이 발생할 수도 있습니다.

분노는 전염되기 쉬운 감정이며, 학습에 의해 일어납니다. 어린 시절 부모나 가족들이 분노를 표현하는 모습을 보고 자란 아이는 그 분노를 학습합니다. 부모나 가족 간의 갈등을 보고 자란 아이는 분노를 표출하고 억제하는 것을 배웁니다.

자존감이 낮을수록 화를 잘 냅니다. 자존감이 낮은 사람은 모든 신경을 자기 자신에게 써서 자기 주위에서 일어나는 일들에 날카롭게 반응합니다. 두려움과 질투와 상처를 쉽게 겉으로 드러내며, 특히 자기 약점이라고 생각되는 부분에 대한 비판을 너그럽게 받아들이지 못합니다.

또 무슨 일을 제지당하거나 창피를 당하는 식으로 좌절하게 되면 사람들은 분노합니다. 좌절감이 직접 분노를 일으키는 것은 아니지만, 목표가 얼마나 중요하냐 좌절되는 상황이 얼마나 지속되느냐에 따라 분노의 정도가 다르게 나타납니다.

완벽주의자들도 분노에 취약합니다. 완벽주의자들은 자신이 세워놓은 기준에 도달하지 못했을 때 쉽게 절망하며 분노합니다. 예를 들어 전교 1등을 놓치지 않는 학생이 전교 10등을 하게 되면 화가 나서 우울증에 걸립니다.

청소년들의 분노 표출은 가족 및 가정환경, 학교에서의 갈등, 정체감 혼란에서 오는 갈등 등으로 일어납니다. 가족 및 가정환경이 안정감을 주지 못하면 낮은 자존감과 좌절을 경험하게 되어 분노를 표출하고, 그것이 비행으로 이어지기도 합니다.

분노를 주제로 한 학생 글과 사진을 살펴볼까요?

■ 나는 중이다. 어제 청소 중 우리 반 어떤 애가 내 머리 뜬 걸 보고 토끼라고 놀렸다. 어제는 참았지만 오늘 4명이 또 놀렸다. 애들이 산토끼 토끼야~ 노래를 부르며 놀렸다. 나는 곽00한테 과학이라고 놀렸다. 곽00의 성이 곽이라서 과학이라고 놀렸다. 나도 놀렸지만 그 애들이 더 놀려서 나는 참을 만큼 참다 더 이상 못 참겠어서 확 총으로 한 방 쏴 버리고 싶은 심정이었다. 결국 싸움이 터졌다. 내가 먼저 곽00의 손을 잡고 꽉 깨물었다. 그러자 00가 내 머리카락을 잡고 손을 뺐다. 나는 00에게 계속 욕을 했다. 화를 참을 수 없어서였다. 나는 가방으로 00의 머리를 내리쳤다. 00의 얼굴에 맞아 안경알이 떨어졌다. 나는 나도 모르게 샤프로 00를 찍으려고 하였다. 그때 선생님이 들어왔다.

나는 한번 화가 나면 처음엔 참지만 계속 화가 나면 어느 순간 나도 모르게 화가 폭발한다. 화가 폭발하면 그 순간 나도 무슨 일을 하는지 모른다. 우리 집은 나만 그런 게 아니고 우리 엄마도 그렇고 내 동생도 그렇다. 내 동생은 여자인데도 그렇다. 우리 엄마는 한번 화가 나면 닥치는 대로 집어던지고, 아무리 비싼 물건이라도 그 자리에서 아작내버린다. 전에 내 동생하고 게임기 갖고 싸웠는데 엄마가 그걸 단번에 부숴버렸다. 15만 원짜리 게임기였는데.

우리 집에서 화를 안 내는 사람은 우리 아빠밖에 없다. 우리 아빠는 한 번도 화를 낸 적이 없다. 나는 감정조절을 못하는 내가 싫다. 감정조절을 잘 했으면 좋겠다. (중, 남)

학생 글은 분노가 폭발하는 과정을 잘 보여줍니다. 처음엔 친구를 같이 놀리다 결국 싸움으로 번집니다. 그 때의 심정은 "확 총으로 한 방 쏴버리고 싶은" 것이었습니다. 싸움은 격렬하게 번져 가방으로 상대의 머리를 내리치고 샤프로 찍으려는 순간 선생님의 등장으로 끝이 났습니다. 어린 학생의 글이지만 분노의 불길이 어떻게 자기 자신을 삼키는지 잘 보여줍니다.

사진은 분노가 폭발한 개의 모습입니다. 사람이 이 개처럼 화를 낸다면 누구도 옆에 가지 않겠지요. 사람들은 화가 머리끝까지 치솟아 파괴적으로 행동하는 사람을 보고 흔히들 짐승 같다고 합니다. 그런데 이 말이 괜히 하는 말이 아니라고 합니다.

동물의 뇌는 진화를 거듭하면서 다음 세 가지로 구분됩니다. 먼저 숨골을 포함한 '양서류의 뇌'가 있습니다. 이 하위단위 뇌는 호흡, 식욕, 성행위 등 생존을 관장합니다. 그 다음 위쪽에 '포유류의 뇌'가 있습니다. 이 중간단계의 뇌가 하는 역할은 기억이나 사회와 관련되지만, 주로 불안, 공포, 질투, 미움, 사랑과 같은 감정을 지배합니다. 분노 역시 포유류의 뇌에 지배를 받습니다. 그리고 맨 바깥쪽에 '신피질'이 존재합니다. 신피질은 대뇌 반구의 표면을 이루는 회백질을 말하는데 인간에게만 있는 부위로, 이는 언어의 중추이며 동시에 이성적이고 합리적인 생각을 가능하게 합니다.

안정된 상태의 보통 성인의 경우 일상의 대부분은 신피질의 뇌가 지배합니다. 그러나 화가 나면 달라져 화가 일정 수준 이상이 되면, 포유류의 뇌로 변해 실제로 앞뒤 가리지 않는 짐승 같은 행동을 하게 된다고 합니다.

분노를 잘 다스리는 문제는 아주 중요합니다. 분노는 한순간에 자신을 태워버리는 불같으니까요. 그 불길에 휩싸여 타고나면 인생은 돌이킬 수 없는 치명상을 입습니다. 분노 감정을 잘 처리하는 방법에 대한 훈련이 안 돼 있고, 화가 나는 일이 많은 사회에 살고 있기 때문에 우리는 더더욱 화를 잘 다스려야 합니다.

화를 다스리는 방법 중 첫 번째는 스스로 화가 난 상태라는 것을 아는 것입니다. '아, 내가 지금 화가 나 있구나.'라고 빨리 자각하는 것, 이것이 첫째입니다. 그러나 정작 자신이 화가 났다는 것을 아는 사람은 많지 않습니다. 화가 나면 사람마다 특징적인 변화가 있습니다. 얼굴이 붉어진다든지, 목소리가 떨린다든지, 얼굴 표정이 굳어지고 일그러진다든지, 비실비실 웃는다든지…. 평소 자신에 대한 주의력을 길러 분노감정의 변화에 대해 민감하게 반응해야 합니다.

두 번째는 화가 났다 싶으면 무조건 그 자리를 피하는 것입니다. 같이 맞서서 이러니저러니 대거리하지 말고 무조건 그 상황을 피하고 봅니다. 분노 감정은 휘발유와 같아서 점화력이 강해 한순간에 폭발합니다. 분노를 유발하는 호르몬은 15초 이내에 피크에 도달하고, 이후 서서히 분해되어 사라진다고 합니다. 적어도 30초만 피해 있으면 분노 반응이 누그러집니다. 그 후 아무 생각 없이 걷기만 해도 화는 많이 가라앉습니다. 그런 다음 좀 더 효과적으로 분노를 관리하려면 다음 세 가지에 생각을 집중합니다. 1) 왜 화가 났을까? 정당한 화인가? 2) 그렇게 화를 내어 얻을 수 있는 게 뭘까? 3) 화내는 것 말고 다른 방법은 없을까?

세 번째는 자기 멋대로 화를 낸 이후의 자기 모습을 상상하는 것입니다. 자신이 속상한 것은 물론이요, 타인에게 상처를 입혀 관계의 단절을 가져옵니다. 신체상 재산상의 위해를 가해 민사상 형

사상 책임을 져야 합니다. 몸도 망가지고 돈도 깨지고 직장도 잃고 구속될 수도 있습니다. 화는 순간이지만 그로 인한 후유증은 평생 갈 수도 있습니다.

네 번째는 평소 술을 조심해야 합니다. 술은 감정을 자극하여 분노를 폭발하게 합니다. 가정 폭력의 대부분, 온갖 시비의 대부분은 술로 인해 일어납니다. 술은 충동을 부추기고 분노를 끓어오르게 합니다.

"화가 나 죽겠다"는 말이 있습니다. 실제로 화를 잘 못 다스리면 죽습니다. 자기 몸이 부숴지니까요. 자기 몸이, 자기 집이, 다른 사람과의 관계가 불길에 휩싸여 순식간에 타버리니까요.

슬픔

　인생을 사는 동안 슬픈 일이 많을까요 기쁜 일이 많을까요? 슬픔에 젖는 것을 좋아할 사람은 없습니다. 슬픈 일이 닥쳐올 것을 좋아할 사람도 없습니다. 사람뿐만 아니라 동물도 마찬가지입니다. TV 프로 '동물의 왕국'을 보면 동물도 슬픔에 젖어 사람을 숙연하게 만드는 장면이 가끔 나옵니다. 어린 새끼가 죽자 망연자실한 채 울부짖으며 슬픔에 잠기는 침팬지가 자식의 죽음을 받아들이지 못해 일주일 동안이나 안고 다니는 모습을 본 적이 있습니다. 아래 사진은 파트너가 죽어 슬픔과 비탄에 잠긴 채 곁을 떠나지 못하고 있는 제비의 모습입니다.

　동물 중에서 슬픔을 가장 잘 느끼는 동물은 코끼리라고 합니다. 코끼리는 길을 가다가 다른 코끼리 뼈를 발견하면 한동안 멈춰 서서 가족이나 친구의 뼈가 아닌지 살펴본다고 합니다.

　슬픔은 인간이 갖는 부정적인 감정 중 하나입니다. 사람이 슬프

면 무기력과 실망감 좌절
감에 빠지고 가슴이 맺히
는 등 신체적 변화와 함
께 눈물이 나오고, 표정이
굳어지며, 의욕, 행동, 운
동력 등이 저하됩니다. 또
눈물을 흘리며 신음소리를 내어 울기도 합니다.

슬픔의 반대 감정은 기쁨입니다. 슬픔과 기쁨은 서로 바뀌는 것
이 한 순간입니다. 체육시간이 끝나고 수돗가에 안경을 두고 왔는
데 가보니까 그대로 있으면 슬픔을 미처 느끼기 전에 기쁨을 느낍
니다.

슬픔과는 좀 다르지만 비슷한 감정에 '멜랑꼴리melancholia', 즉
우울이라는 게 있습니다. 우울은 슬프고 불행한 감정입니다. 우울
은 우울증과는 다르며, 슬픔으로 인해 지속되는 감정입니다.

슬픔은 또 언제든지 분노로 바뀔 수도 있습니다. 슬픔이 분노로
바뀌면 슬픔은 사라지고 분노만 남습니다. 친한 친구와 함께 사업
을 하다 친구의 배신으로 망했다면, 순간 슬픔은 사라지고 분노만
남습니다.

슬픔은 소중한 것을 잃어버린 상실감에서 옵니다. 아끼는 물건
을 잃어버리거나 실직을 당하거나 시험에 실패하면 슬퍼지고, 사
랑하는 사람이 죽었을 때는 이루 말할 수 없는 큰 슬픔을 느낍니

다. 슬픔은 이처럼 소중했던 무언가를 잃어버렸을 때 느끼는 상실감의 표현입니다.

사람은 친한 사람, 물건, 지위, 가치 등을 잃었을 때 슬픔을 느낍니다. 애인이나 친구 가족과의 이별, 질병, 사고, 죽음, 싸움 등이 슬픔을 불러일으키고, 추억이 깃든 물건을 잃어버리거나 정든 집을 떠날 때, 승진에서 누락되거나 동료들로부터 따돌림 당할 때, 자기보다 못한 사람이 성공하거나 존경하던 사람한테 실망할 때, 지난날의 행복했던 순간들을 떠올릴 때 등 여러 가지 상황에서 슬픔을 느낍니다.

슬픔의 원인은 보통 외부에 있습니다. 자신이 잘못해서 슬퍼질 수도 있지만, 그런 경우에는 슬픔뿐만 아니라 죄책감이나 자괴감을 같이 느낍니다. 자괴감自愧感이란 스스로 부끄러워하는 마음입니다. 슬픔의 원인이 외부에 있기 때문에 본인은 어느 면에서 슬픔이 찾아오는 것을 막을 수 없습니다. 물론 슬픔을 느낀다 하더라도 본인 노력으로 완화시킬 수 있을 것입니다. 슬픔을 극복하기 위해 아무것도 할 수 없다고 느낄 때 사람은 절망감에 빠지며, 절망감은 희망이 보이지 않는 느낌으로 슬픔의 일부입니다.

슬픔과 관련된 학생 글과 고흐의 그림을 잠시 볼까요?

■ 슬픔? 슬픔이라고 하면 항상 눈물부터 나오려고 한다. 나도 모르게 얼굴은 빨개지고 눈에서 뜨거운 액체가 흐른다. 슬펐던 일, 사람이라

면 한번쯤은 겪어봤을 그런 상처, 가장 슬펐던 일, 어릴 때 별거 아닌 걸고 울고불고 한 것이 아니라 조심스럽게 눈물을 흘리며 목 놓아 어린아이처럼 우는. 그럴 정도로 슬펐던 일... 머릿속에 두 개의 기억이 스친다. 2010년 12월 24일. 우리 가족은 이사를 했다. 원래 살던 아파트에서 더 넓은 동으로 이사를 했다. 이사를 하는 도중에 할머니께 전화가 왔다. 이사 잘하고 있냐는 안부전화였다. 그렇게 이사를 끝내고 다음날이 되었다. 갑자기 아빠가 회사에서 오셨다. 얼굴이 상당히 슬퍼 보였다. 아빠가 하는 말이... 할머니가 돌아가셨단다. 정말 충격이었다. 어제까지만 해도 통화를 했는데... 그게 마지막 통화였다니. 오늘은 크리스마스인데... 앞으로는 슬픈 크리스마스가 될 것 같다. 아빠의 얼굴은 장난이 아니었다. 엄마 또한 만만치 않았다. 한마디로 폐인이었다. 장례식장으로 갔다. 처음 보는 상황이어서 힘들었다. 모두 울고 있는데 그저 바라만 보며 안 울려고 애를 썼다. 근데 눈물이 흘렀다. (중2, 여)

■ 난 지금 너무 슬프다. 학기 초엔 나도 친구가 꽤 있었다. 그때 어떤 친구 한 명이 있었다. 그 친구는 반에서 소외되어 혼자 있었다. 나는 그 친구를 위해 다른 친구들의 만류에도 불구하고 그 친구와 놀았다. 그 친구를 위해 잃은 친구는 약 10명. 나는 깊게 사귈 친구가 필요했기 때문에 손해를 보면서 그 애와 같이 다녔다. 그 애를 웃게 해주기 위해 모든 것을 다했고 모든 것을 그 애 위주로 해주었다. 그렇게

꽤 친하게 지내고 있었는데 지난주 토요일 그 애가 문자로 내가 싫다고 했다. 나는 순간 기운이 빠지고 감정이 확 올라왔다. 그리고 내가 그 친구와 100% 장난으로 외모 순위를 정했는데 그 친구가 그걸 다 퍼뜨렸다. 지금 와선 이런 생각이 든다. "난 호랑이 새끼를 만났었나 보다. 너무 외로워 보여서, 자살할까 봐, 많은 친구를 버리고 그 친구를 택했더니 이제 와서 내가 싫다고??, 다른 애랑 놀겠다고? 나를 배신하겠대." 지금 나는 너무 슬프다. (중1, 여)

위 글을 쓴 학생은 갑작스런 할머니의 죽음과 친구의 배신으로 슬픔에 젖어 있습니다.

한편 우리가 잘 아는 네덜란드의 화가 빈센트 반 고흐의 「슬픔」이라는 그림은 우리의 가슴을 먹먹한 감동에 젖어들게 합니다.

어느 날 아침 고흐는 한 여자의 침대에서 깨어납니다. 그동안 고흐는 하숙집 딸과 사촌 케이를 사랑했지만 그녀들의 단호한 거절에 깊은 상처를 받습니다. 그런 그에게 자신을 허락한 여자가 있었으니, 낮에는 청소부로 일하고 밤에는 매춘부로 몸을 파는 여자였습니다. 고흐는 처음으로 그녀에게 사랑을 느꼈고 이때부터 그림을

고흐의 〈슬픔〉

그리기 시작합니다. 그녀는 고흐보다 세 살 나이가 많은 시엔이라는 여자였습니다. 시엔은 다섯 살 난 딸과 함께 살면서 아버지가 누군지도 모르는 아이를 배 임신한 상태였습니다. 그림에서 여자의 아랫배가 불룩하게 나온 것은 그녀가 임신을 했기 때문입니다.

고흐는 그녀의 불행을 진심으로 마음 아파했습니다. 그는 서로의 불행을 나누면 행복해질 것으로 믿고 그녀와 결혼하기로 결심하고 동거에 들어갑니다.

"나는 사랑 없이는 살 수 없고, 살지 않을 것이고, 살아서도 안 된다. 나는 열정을 가진 남자에 불과하고, 그래서 여자가 있어야 한다. 그렇지 않으면 나는 얼어붙든가 돌로 변할 것이다."

이 말은 1881년 12월 고흐가 동생 테오에게 보낸 편지의 한 구절입니다. 고흐의 시엔을 사랑하는 마음이 잘 나타나 있습니다.

그러나 둘의 사랑은 양가 가족들의 격렬한 반대와 가난으로 인해 파탄나고, 고흐는 그녀와 헤어집니다.

에로틱한 면이라고는 전혀 없는, 아무렇게나 늘어뜨린 숱이 없는 머리칼과 볼품없이 축 쳐진 가슴의 여자. 얼굴을 파묻고 비탄에 잠겨 있는 시엔의 모습을 고흐는 「슬픔」이라는 제목의 석판화로 제작하였습니다. 그리고 그림 밑에 "어떻게 한 여자가 홀로 버림받아야 하나?" 라는 문구를 써 넣었습니다.

슬픔은 주위에 위로와 도움을 요청하는 사회적 신호입니다. 사람이든 동물이든 슬픈 일이 닥치면 비탄, 화, 부정, 우울, 수긍과 같은 일련의 감정을 거치면서 슬픔에서 벗어납니다. 슬픔은 집단을 결속시키는 힘이 있으며, 삶이 계속되는 한 슬픔에 빠져 있지 말고 앞으로 나아가라는 감정의 메시지이기도 합니다.

　슬픔에 빠졌을 때는 가까운 이에게 자신의 상태를 말하는 것이 좋습니다. 여기서 제가 쓴 「슬픔의 위안」이라는 시를 한번 감상하고 갈까요?

　　<슬픔의 위안>

　　마음 깊이 들어 있던
　　슬픔을 꺼내 내걸었습니다
　　나뭇잎처럼 반짝이기도 하고
　　깃발처럼 나부끼기도 했어요

　　그 슬픔을 보고
　　어떤 이는
　　혀를 끌끌 차기도 했습니다
　　또 어떤 이는
　　눈가에 눈물이 맺혀
　　한숨 짓기도 했어요

그러나 거기까지였어요
따뜻한 마음에 함께 슬퍼해 주었지만
나머지 슬픔을 참고 견디는 일은
모두 나의 몫이었습니다
스스로 견디고
스스로 일어서야 할 일이었습니다

아무도 대신할 수 없는 슬픔을 견디면서
인생의 나이테에
성숙의 눈금 하나 더 새겨졌습니다
영혼의 눈으로만 보이는
슬픔이 새겨놓은 눈금 하나.

시가 어렵지 않습니다. "슬픔을 꺼내 내걸었다"는 말은 슬픔을 안에 삭혀 두지 않고 누군가에게 고백을 했다는 것입니다. 슬픔을 겉으로 드러내자 많은 사람들이 동정합니다. 그러나 동정에는 한계가 있습니다. 다른 이들의 위안과 동정은 힘을 주기도 하지만, 그러나 거기까지입니다. 나머지는 모두 스스로 견뎌야 할 일입니다. "스스로 견디고 스스로 일어서야 할 일이었습니다" 그렇게 시간이 흘러 그 슬픔의 터널에서 빠져나오게 되면 나는 그 슬픔으로 인하여 한 단계 더 성숙하게 됩니다. 인간과 세상을 바라보는 영혼의 눈이 그만큼 더 깊어집니다. 그것이 슬픔이 우리 인간에게 주는 진정한 위안이겠지요.

힐링이 유행처럼 번지고 있는 요즘 깊이 새겨 보아야 할 이야기입니다. 그렇다고 위로나 동정이 필요 없다는 말은 결코 아닙니다. 슬픔에 젖은 사람을 따뜻한 말이나 행동으로 위로하고 괴로움을 덜어 주는 일은 아주 중요합니다. 위로의 말 한 마디에 깊이 패인 마음이 서서히 아물 수 있습니다. 따뜻한 힘을 얻고 앞으로 나아갈 수 있는 발판을 마련할 수 있습니다.

자기 자신과 타인에게 평소 정직한 사람이 슬픔에서도 잘 견디고 벗어날 수 있습니다. 평소 주위 사람에게 공감하고 원만한 관계를 유지할 때 슬픔을 잘 이겨낼 수 있습니다. 슬픈 일을 계기로 종종 알고만 지내던 사람과 친밀한 관계로 발전할 수도 있습니다.

고통을 혼자만 간직하다 보면 주위에서 고립되기 쉽습니다. 그렇게 되면 마음의 짐이 더 무거워져 세상에서 버림받았다는 느낌이 더 많이 듭니다. 힘든 일이지만 슬픔에 잠겼을 때는 어느 정도 뒤로 물러났다가 조금씩 조금씩 일상으로 돌아오는 일을 해야 합니다. 당장은 눈물이 쏟아지더라도 활동하는 것이 좋으니까요.

소외감

    소외감이란 주위에서 꺼리며 따돌림을 당하는 듯한 느낌입니다. 청소년들은 소외감하면 '왕따'를 떠올립니다. 가족 간의 왕따, 학교에서 친구 사이 일어나는 왕따를 떠올리는데, 소외감이란 그렇게 개인이 느끼는 감정만이 아니라, 인간이 사회생활을 하면서 인간이 본래 지니고 있는 인간성이 상실되어 인간다운 삶을 살 수 없는 현상 전체를 말합니다. 또 소외감이란 원래 인간이 자기들의 생활을 풍부하게 하기 위해 만든 물질(기계나 돈)이 거꾸로 인간을 지배하여 생기는 현상을 말하기도 합니다.

    기계 문명이 고도로 발달한 현대 사회에서 인간은 갈수록 인간성을 잃어가고 있습니다. 그 결과 현대사회 인간은 갈수록 물신화되어 돈(물질)에 지배당하고 있으며, 자신이 하는 일의 의미를 찾지 못하고, 심지어 자기 스스로에 대해서도 괴리감을 느끼게 되어, 고독감과 고립감을 느끼게 됩니다.

인간의 소외가 비단 현대사회에서만 일어난 것은 아닙니다. 그 이전 사람들도 당시의 사회 규범이나 제도에 의해 소외되는 현상이 있었습니다. 그러나 인간 소외가 오늘 날과 같이 특별히 사회 문제가 되기 시작한 것은 현대 산업사회에 들어와서입니다. 19세기 말에서 20세기 초 인류 사회는 산업혁명의 영향으로 사회 전반에 걸쳐 엄청난 변화가 일어납니다. 공장제 기계공업이 발달하

〈모던 타임즈〉 포스터

면서 산업이 발달하고 사람들이 공장으로 몰려들면서 도시가 곳곳에 생겨납니다. 이제 사람들은 전혀 모르는 낯선 사람과도 같이 생활해야 하고 자본가에 고용되어 월급을 받고 생활해야 합니다. 그러다 보니 자신의 처지가 거대한 기계의 톱니바퀴에 낀 작은 나사처럼 느껴집니다.

찰리 채플린의 영화 『모던 타임즈』는 현대 사회의 반복되고 반복되는 톱니바퀴 식 일상을 풍자하고 있습니다. 채플린은 이 영화에서 컨베이어 벨트의 나사를 조이는 '조임공'으로 나옵니다. 정해진 이름도 없이 떠돌이로 나오는데, 이름이 없다는 것은 거대한

기계 공장의 작은 나사와 같은 존재로, 인간으로서의 가치가 없다
는 뜻에서 의미심장합니다.

산업사회는 기본적으로 합리화, 표준화, 집중화, 거대화의 양상
을 띠는데, 이런 것들에 의해 인간의 소외가 나타납니다.

- 합리화 : 합리화란 노동 조직, 관리 체계 등이 계획적으로
  편성되어 생산성이 높아지거나 능률적으로 되는 것을 말
  합니다. 경제 합리화, 에너지 정책의 합리화 등이 그런 말
  인데, 최소의 비용으로 최대의 효과를 가져 오게 하는 것
  입니다. 합리화는 능률을 높여줄 뿐만 아니라 불필요한 에
  너지를 감소시킨다는 점에서 긍정적이지만 지나치게 경
  제성만을 추구할 때 인간의 본질이 상실되어 인간의 소외
  가 일어납니다.

- 표준화 : 산업사회는 대량생산 사회입니다. 대량생산이 가
  능하기 위해서는 표준화가 되어 있어야 합니다. 나사 하나
  를 생산하더라도 공장마다 규격이 다 다르면 제대로 쓸 수
  없게 됩니다. 표준화는 공장에서 생산되는 제품뿐만 아니
  라 인간의 사고와 생활양식 교육 그리고 문화에서까지 일
  어납니다. 그리하여 인간의 개성과 창의성이 갈수록 상실
  되고 삶이 획일화 되어 인간의 소외가 일어납니다.

• 집중화 혹은 거대화 : 집중화와 거대화는 산업사회에서 나
  타나는 같은 양상입니다. 학교도 공장도 교회도 기업도 사
  회단체도 모두 거대화 되며, 이는 곧 집중화 현상을 가져
  옵니다. 에너지 집중, 도시로의 인구집중, 권력의 집중, 중
  심부로의 집중은 인간의 소외를 불러옵니다.

인간의 소외가 이 같은 사회 문제만이 아니라 인간의 심리에서 온다는 견해도 있습니다. 욕구 단계설로 유명한 심리학자 아브람 매슬로우는 인간의 욕구를 5단계로 구분하였습니다.

1단계는 생물학적 욕구입니다. 이는 인간에게 가장 기본이라 할 수 있는 생리적 욕구입니다. 굶주림을 해결할 빵 한 조각, 따뜻한 잠자리, 성적인 욕망이 이 단계에서 속합니다.

2단계는 안전에 대한 욕구입니다. 인간은 누구나 위험에서 벗어나고 싶은 욕구를 갖습니다. 여기서 말하는 안전은 단순히 물리적이나 생리적인 안전뿐만 아니라, 감성적·심리적 안전도 포함됩니다.

3단계는 사회적 욕구입니다. 누군가와 관계를 맺고 싶고, 어느 집단에 소속되고 싶은 욕구, 사랑을 받고 싶은 욕구가 이것입니다. 인간은 가족이나 집단, 사회로부터 충분한 소속감 안정감을 갖지 못하면, 곧 심리적 결핍 상태에 빠지게 되어 많은 일에 지장을 초래합니다.

4단계는 자긍심에 대한 욕구입니다. 인간은 누구나 다른 사람한

테 존경과 칭찬을 받고 싶어합니다. 이런 욕구가 충족되지 못하면 사람들은 자기 비하나 패배주의에 빠지고 열등감에 시달리게 됩니다. 매슬로우는 이 4단계 욕망의 결핍이 모든 심리 문제의 원인으로 보았습니다.

5단계는 자아실현에 대한 욕구입니다. 자아실현은 인간이 갖는 가장 최상위 욕망으로, 자기 개발과 목표 성취를 위해 끝없이 노력하는 자세를 말합니다. 이 욕망이 부여되면 사람들은 자신을 개발하고 자신의 가능성을 현실화하기 위해 최선을 다하게 됩니다.

매슬로우의 욕구 단계설로 보면 인간은 누구나 일단 주변에 먹을 것이 충분하게 되면, 그 다음엔 육체적 심리적 안전을 생각하게 되고, 몸의 안전을 보장받게 되면 그 다음엔 사회적 욕구를 채우기 위해 움직입니다. 그러다 자긍심의 욕구를 갖게 되고, 그것이 발전하여 욕구의 마지막 단계인 자아실현의 욕구로 이어지게 됩니다.

소외감은 욕구의 제3단계인 사회적 욕구와 제4단계인 자긍심에 대한 욕구가 충족되지 못할 때 나타나는 현상입니다. 곧 사랑과 소속감, 타인으로부터의 인정에 대한 욕구가 이루어지지 못할 때 갖게 되는 감정입니다. 그런데 문제는 이들 욕구는 한 번 채워졌다고 해서 영원히 만족감을 주지 못한다는 것입니다. 배고픈 사람이 한번 밥을 먹었다고 영원히 식욕이 해결되지 않는 것과 마찬가지로, 소속감이나 타인으로부터의 인정도 결핍되면 그때마다 다시 채우고 싶은 욕구에 시달리게 된다는 것입니다.

인간 소외의 원인으로 이 같은 일반적인 것들 외에 사회 문화적인 요소도 무시할 수 없습니다. 오랜 기간 군사독재 하에 있던 우리나라는 군대문화를 양산시켰고, 이는 인간의 사고와 행동을 획일화 하였습니다. 이로 인해 많은 사람들이 남들이 하는 대로 살아가는 것이 안전하다는 생각을 하게 되었고, 결국 이러한 획일화는 개별적인 주체성을 상실하도록 함으로써 자유 존재인 인간을 소외시켜 버립니다.

인터넷이 상용화 되어 있는 정보화 사회에서는 인간 소외의 새로운 측면이 나타납니다. 정보화 사회는 인간을 더욱 고립시키며 폐쇄적 공간에 밀어 넣어 타인과 더불어 살아가면서 지켜야 할 인간의 본성을 잃게 합니다. 기계의 발명으로 시작된 산업사회에서의 인간 소외가 현실세계 안에서 일어나는 인간 소외였다면, 디지털 정보사회는 현실보다는 인간에 의해 창조된 인공의 세계, 곧 가상세계에 우선권을 부여합니다. 그러다 보니 잘못된 정보에 엄청난 피해를 입기도 하고, 인간관계 또한 사이버 공간에서 일방적이고 이기적인 관계를 맺게 됩니다.

정보화 사회에서의 정보 소외는 소외의 또 다른 측면입니다. 정보 소외란 정보를 제대로 갖지 못한 자들이 느끼는 소외 현상을 말합니다. 네트워크가 잘 갖추어진 사회에서는 모든 인간이 평등한 존재로 대우받을 것으로 예상했으나 사실은 그렇지 못한 것으로 나타납니다. 인종, 교육, 수입, 주거지역 등에 따라 정보에 접근

할 수 있는 기회가 차별화 되고 있기 때문입니다.

　미 상무부가 발표한 「네트워크의 실패」라는 보고서에 의하면 흑인과 중남미계 사람들이 인터넷에 접속할 수 있는 가능성은 백인의 5분의 2, 아시아계는 3분의 1에 불과하다고 합니다. 이는 갈수록 정보 소외가 심화됨을 의미하는데, 더욱 심각한 것은 정보소외 현상이 소득수준 격차로 연결되어 부익부 빈익빈 현상이 심화된다는 것입니다.

　정보화 사회에서의 인간 통제도 심각한 인권 침해 및 인간 소외를 낳습니다. TV 폐쇄회로(CCTV)나 GPS 범지구위성항법시스템 등은 위치 파악을 간단히 할 수 있어 범죄를 예방하는 기능도 있지만 역으로 사생활 감시 등 부작용을 불어오기도 합니다. 세계에서 CCTV가 가장 많이 설치된 나라는 영국이며, 우리나라는 두 번째로 450여 만 대가 곳곳에 설치되어 있어 감시의 눈길을 거두지 않고 있습니다.

　게임 중독, 인터넷 중독, 통신상의 언어 파괴, 해킹, 개인정보 유출, 음란 폭력성이 있는 콘텐츠의 대량 유포 등도 정보화 사회의 부작용입니다. 그러나 보다 더 큰 문제는 정보화 사회가 심화되면서 정보 격차에서 오는 불평등, 실업, 관계의 파편화와 단절, 그리고 그로 인해 발생하는 고독과 외로움에 맞닥뜨리게 된다는 것입니다.

외로움

인간을 나타내는 말은 많습니다. 인간은 사회적 동물이다, 인간은 정치적 동물이다, 인간은 유희적(놀이하는) 동물이다, 인간은 언어적 동물이다, 등과 같은 말이 그것입니다. 그런데 여기서는 인간은 외로운 동물이다, 라고 말하고 싶습니다.

인간은 소속감이 없을 때, 대화할 상대가 없을 때 외로움을 느낍니다. 「캐스트 어웨이」라는 영화가 있습니다. 로버트 저메키스가 감독하고 톰 행크스가 주연을 맡은 영화인데, 항공기 사고로 무인도에 혼자 살아남은 주인공이 누구하고도 대화를 나눌 수 없는 상황에서 바닷물에 떠밀려온 배구공에 '윌슨'이라는 이름을 붙여주고 대화를 나눕니다. 그러면서 주인공은 고독과 외로움에서 오는 무인도 생활의 공포를 견뎌내며 4년 만에 무인도를 탈출하여 극적으로 구조됩니다.

외로움이란 홀로 되어 쓸쓸한 마음이나 느낌을 뜻합니다. 사회

영화 〈캐스트 어웨이〉에서 주인공이 배구공으로 만들어 대화하는 윌슨.

속에 살아가는 인간이 타인과 소통하지 못하고 격리되었을 때 인간은 외로운 감정을 느끼게 됩니다. 예를 들어 낯선 환경에서 혼자 적응해야 할 때, 사랑하는 사람과 이별하였을 때 등 혼자가 되었다고 느낄 때 외로움을 느낍니다.

외로움이란 말은 하나를 뜻하는 '외'('외아들, 외고집' 할 때의 외)와 '그러하다'라는 뜻의 '롭다 -로움'이 합쳐져 이루어진 단어입니다. 그러니까 외로움은 기본적으로 '홀로' 되었을 때 찾아드는 감정입니다.

외로움은 내성적인 사람보다 외향적인 사람이 더 많이 느낀다고 합니다. 내성적인 사람은 다른 사람과 어울리기보다는 혼자 있는 것이 편하다고 생각하기 때문에 평소 외로움을 덜 느끼는 반면, 외향적인 사람은 다른 사람들과 같이 있는 것을 좋아하기 때문에 그렇지 못할 경우 더 외로움을 느낀다고 합니다.

외로움과 비슷한 말로 '고독'이 있으며 외로움을 오랫동안 겪다 보면 우울증으로 이어질 수도 있습니다. 최근에 문제가 되고 있는 '왕따' 같은 따돌림도 여러 사람이 한 사람을 심리적 사회적으로 따돌려 외롭게 만듦으로써 심리적 고통을 주는 행위입니다.

심리학자들에 따르면 사람들이 경험하는 외로움에는 두 가지 유형이 있다고 합니다.

- 감정적 외로움 : 자신이 속마음과 감정을 함께 나눌 사람이 없을 때 생기는 외로움.
- 사회적 외로움 : 소속감 부재와 사회적 인맥의 부재에서 생겨나는 외로움.

친한 친구가 없을 때, 전학을 간다든지, 직장에서 퇴직한다든지, 사랑하는 사람과 이별한다든지, 이럴 때 사람은 외로움을 느끼게 됩니다.

여기서 외로움을 주제로 한 시와 그림을 잠시 살펴볼까요?

<사막>

오르탕스 블루

그 사막에서 그는
너무 외로워
때로는 뒷걸음질로 걸었다.
자기 앞에 찍힌 발자국을 보려고.

　얼마나 외로웠으면 사막에서 뒷걸음으로 걸었을까요?

　외부와 단절된 채 하루 이틀이 아닌 일주일 열흘을 혼자 있을 때, 외로움은 살을 깎아내립니다. 세찬 소나기에 허물어지는 진흙 인형처럼 내부가 외로움에 허물어집니다.

　시에서 '그 사막'은 우리가 살아가는 '지금 여기'입니다. 삭막하기 그지없는 도시에서의 삶을 사막에 비유하고 있습니다. 그래서 그냥 사막이 아니라 '그' 사막입니다. 비정함과 몰인정과 외로움이 발밑에 부서지는 모래 알갱이처럼 깔려 있는 삶을 드러내기 위해섭니다.

　"자기 앞에 찍힌 발자국"은 무엇을 의미할까요? 뒷걸음질하며 보는 것이니 자신이 걸어온 길에 난 발자국일 것입니다. 그렇다면 그건 추억일까요? 자아일까요? 아니면 그림자처럼 어떤 사물의 실체를 떠받쳐주는 실존일까요?

사람은 외로운 존재입니다. 젊어서는 잘 모르지만 나이가 들수록 외로움은 가슴 시리게 다가옵니다. 육신이 쇠락하면서, 자식들이 장성해 집을 떠난 후, 평생을 같이 살아온 배우자의 죽음 앞에서, 외로움을 피할 수는 없습니다.

그래서 다음과 같은 삶을 지탱해 주는 인간관계 가운데 어느 것 하나만 충족되지 않아도 인간은 외로움을 느낀다고 합니다.

- 낭만적 동반자로서 사랑과 애정을 나눌 수 있는 애인, 연인, 이성 친구.
- 사교적 동반자로서 부담 없이 만나 생각과 감정을 나눌 수 있는 고향 친구, 동문 친구, 동아리 친구.
- 직업적 동반자로서 직업이나 학업에 동료애를 느낄 수 있는 친구.
- 가족적 동반자로서 혈연으로 연결된 부모, 형제, 자매.
  이상 네 가지 항목에 현대사회를 살아가는 현대인에게 한 가지를 더 추가해야겠군요.
- 반려적 동반자로서 혈연 이상으로 친밀감을 느끼는 반려 동물이나 식물.

오늘 날 많은 사람이 휴대전화를 통한 온라인상의 친구나, 신, 개와 고양이 같은 반려동물과 관계를 맺고 있습니다. 반려동물이

나 온라인 친구, 신과 유대감을 형성하려는 행동은 인간이 외로움을 극복하고자 하는 노력의 일환입니다. 증가하는 1인 가구와 고독사, 게임 중독, 자살, 우울증, 비만, 반사회적 행동 등의 이면에는 외로움이 자리하고 있습니다.

'군중속의 고독'이란 말이 있습니다. 이 말은 데이비드 리즈먼이라는 미국의 사회학자가 1950년에 쓴 『고독한 군중』이라는 책에 나오는 말입니다. 리즈먼은 이 책에서 인간의 사회적 성격을 세 가지로 구분합니다.

첫째는 전통지향형입니다. 이 사회 구성원들은 전통에 의해 통제됩니다. 인간의 중요한 사회적 관계가 전통이나 규율에 따라 형성됩니다. 전통에 위배되는 창의성이나 이질적인 행위들은 불필요한 것으로 취급됩니다.

둘째는 내적지향형입니다. 자본주의 초기에 나타나는 사회적 성격입니다. 전통과 관습의 힘이 약해지고, 개인이 자기 삶을 결정합니다.

셋째는 타인지향형입니다. 자본주의가 고도화 되면서 나타나는 현상인데 사람들은 타인의 행동에 영향을 받고, 그들의 평가에 민감해집니다. 이 사회 구성원들은 다른 사람이 무엇에 관심을 두고 어떤 형태로 살아가는지, 또 그들이 자신을 어떻게 생각하는지에 관심을 기울입니다. 타인지향형 사회를 살아가는 사람들은 자신이 사회에서 소외될지도 모른다는 불안감에 늘 시달립니다.

타인지향형 사회 형성은 미디어의 발달과 관계가 깊습니다. 미디어를 통해 자기가 속한 사회의 흐름을 시시각각으로 관찰하고, 자기 모습이 노출되면서 커다란 커뮤니케이션 구조가 만들어지고, 그 안에서 사람들은 안정을 찾고자 합니다. '내가 생각하는 나'보다 '남들에게 비쳐지는 나'를 더 의식하게 되면서, 사람들은 고독과 외로움을 느끼게 됩니다.

외로움을 극복하려면 우선 외로움에 대한 잘못된 생각을 바꾸어야 합니다. 사람은 누구나 얼마쯤은 외롭다는 사실을 인정하는 자세가 필요합니다. 특히 나이 들면서 찾아오는 외로움은 평생을 함께 해야 할 것으로 생각해야 합니다. "사람은 스스로 외롭다고 생각할 때 비로소 외로워진다"는 말이 있습니다. 이 말은 외로움은 생각 여하에 따라 심히 외롭기도 하고 그렇지 않기도 하다는 말입니다. 외로움을 해소할 대인관계도 중요하지만 혼자 있는 일에 익숙해질 필요가 있습니다. 이러한 점을 기본으로 하면서 외로움 극복에 대해 몇 가지 알아보겠습니다.

첫째, 대인관계에 적극적일 필요가 있습니다. 타인이 나에게 접근해오길 기다리지 말고 타인과 접촉할 수 있는 다양한 기회를 만드는 것이 좋습니다.

둘째, 타인에 대한 비현실적인 기대를 버리십시오. 타인이 나를 항상 인정해주고 친절과 관심을 보일 수는 없습니다.

셋째, 환경이 바뀌면 인간관계도 새롭게 형성됩니다. 기존의 인간관계에 연연해하지 않는 것이 좋습니다. 예컨대 학교에서 전학을 갔다든지 직장에서 퇴직했을 경우, 퇴직 이후 새로 만나는 사람과 새로운 인간관계가 형성됩니다.

넷째, 자기 문화가 있어야 합니다. 문화란 하루 시간을 어떻게 무슨 일을 하며 살아갈 것인가를 조직하는 힘입니다. 그러니 단순한 소일거리를 말하는 것이 아닙니다. 자기 스스로 꾸준히 지속적으로 해 나가는 일, 그 일을 통해 삶이 즐겁고 자신의 존재 가치를 느낄 수 있는 일을 말합니다. 자기문화가 없는 사람은 매일같이 반복되는 하루하루를 견디기 어렵습니다. 어쩌면 외로움을 극복하는 데에 자기문화를 갖는 일이 가장 중요하다고 할 수 있습니다.

인간은 홀로 태어나 홀로 죽어야 하는 고독한 존재입니다. 외로움은 인간이라면 운명적으로 감당해야 할 인간의 조건입니다. 그러나 외로움은 또한 창조와 자기성찰의 산실이기도 합니다. 위대한 문학가, 예술가, 학자, 종교인들은 오랜 고독의 시간 속에서 그들의 창조적 업적과 자기성찰을 이루어냈습니다. 예수는 늘 군중 속에 둘러싸여 있으면서도 하루 30분 홀로 있는 시간을 가졌습니다. 스스로의 필요에 의해 고독과 마주하는 시간을 택하였습니다.

우리의 삶은 타인과의 관계 속에서 영위됩니다. 죽는 날까지 타인과의 교류와 애정을 필요로 합니다. 친밀한 인간관계에서 느끼는 우정과 사랑은 행복의 주요 원천입니다. 그러나 외로움이 '친밀한 인간관계의 결여'만을 의미한다면, 외로움은 고립이며 소외

이자 불행일 수밖에 없습니다.

경쟁심

경쟁심이란 남과 겨루어 이기려는 마음입니다. 경쟁에서 이긴 다는 것은 곧 타인의 실패를 전제로 합니다. 우리 사회에서 경쟁 심을 바라보는 시각은 '경쟁은 어쩔 수 없다'는 게 지배적입니다. 경쟁이 너무 지나쳐 심각한 사회 문제를 불러오는 경우에 한해 경 쟁이 문제가 있다고 하지만, 그래도 경쟁은 필요하다는 인식에 우 리들은 암묵적으로 동의하고 있습니다.

『경쟁을 넘어서』라는 책에서 알피 콘은 경쟁은 필요하다는 인식 에 대해 다음과 같이 지적합니다.

- 우리 사회는 진화 발전하며 운용되기 때문에 어떤 동물이 든 경쟁심을 가지고 있다, 따라서 경쟁심 자체가 잘못된 것은 아니다, 남이 안 되고 나만 잘되었으면 좋겠다는 지 나친 경쟁심은 문제가 있지만, 경쟁을 하면 항상 스스로

노력할 수 있는 마인드가 나오기 때문에 경쟁은 필요하다.

- 인간의 경쟁심은 타고난 것이다, 대다수 사람들은 자기가 남보다 강해야 한다고 생각한다, 또 이익이 충돌했을 때 대부분은 경쟁을 선택하며 쌍방 모두의 손실도 불사한다, 설사 자기가 손해 보는 한이 있어도 경쟁을 선택하지 상대에게 유리한 협력을 택하지는 않는다.

- 경쟁심은 인간이 지닌 본성으로 유한한 자원을 놓고 쟁탈전을 벌이는 과정에서 형성된 것이다, 경쟁은 사회발전을 추진하는 원동력인 동시에 자신의 내적 발달을 가져오게 하여 개인의 잠재력을 발휘하게 한다.

- 인적인 성향으로 일반적으로 성취욕이 강하고 성과를 중시하는 사람일수록 쉽게 경쟁에 참여한다.

이 같은 인식을 바탕으로 인간은 경쟁을 해야 하며, 더욱이 현재와 같은 신자유주의 체제*에서는 이른바 '무한경쟁', '승자독식'과 같은 경쟁이 불가피하다는 것입니다.

그러나 여기서 우리는 경쟁은 꼭 필요한가라는 문제를 제기해야 합니다. 경쟁을 너무 당연한 것으로 받아들이고 있지 않은지 반문해야 합니다. 경쟁을 대신할 다른 것은

신자유주의 체제
이른바 '세계화'라는 것으로, 국가 개입을 축소하고 시장의 순기능을 강조하는, 자유무역과 규제 철폐를 기본으로 하는 시장경제를 말한다. 1980년대에 영국의 대처와 미국의 레이건 정권이 대표적으로 이 이념을 사용했으며, 우리나라는 1990년대 김영삼 정권부터 도입 강화되었다.

없는지 깊이 생각해야 합니다.

우리 사회는 구조적으로 경쟁을 하면 할수록 더 많은 경쟁을 요구합니다. 이런 사회에서 인간관계는 부정적일 수밖에 없습니다. 상대방은 어디까지나 내가 밟고 올라서야 할 경쟁자니까요. 게임에서처럼 내가 딴 만큼 상대방이 잃어야 한다면, 혹은 상대방이 딴 만큼 내가 잃어야 한다면, 이것은 제로 섬 게임*에 불과합니다.

집에서부터 시작되는 형제들 사이의 경쟁, 학교에서 친구들과의 경쟁, 대학에서 스팩 쌓기와 취직 경쟁, 사회에서 펼쳐지는 무한 경쟁은 '한 번 실패=인생 낙오'라는 잘못된 가치관을 심어주어, 평생을 피 말리는 경쟁 속에 살아가게 합니다. 경쟁을 통해 자신의 역량을 발휘하는 것이 아니라, 불안, 자신감 상실, 적대감, 내면적 동기 유발의 약화, 대인관계 악화 등을 가져옵니다.

『엑스페리먼트』라는 영화가 있습니다.

어떤 구조가 사람으로 하여금 경쟁적 행동을 하도록 하는가에 대한 실제 실험 결과를 영화로 만든 것입니다. 미국의 스탠포드 대학의 짐바르도와 그의 동료들은 간수와 죄수의 역할을 담당할 남자 대학생 21명을 선발해서, 심리학 연구동의 지하에 설치한 실물 그대로의 교도소 안에서 구금의 효과에 대한 전례 없는 실험을

제로 섬 게임
승자의 득점과 패자의 실점을 더하면 항상 제로(0)가 되는 게임을 말한다. 즉 승자의 이익과 패자의 손실 합이 0인 게임을 말한다. 축구나 권투 등 한 팀은 이기고 다른 팀은 질 수 밖에 없는 구조가 바로 ´제로섬´ 게임의 대표적인 형태이다.

합니다. 이 실험에는 21명의 남자 대학생들이 참여하는데, 그들은 75명의 지원자들 중에서 오직 정상이냐 아니냐는 기준만으로 선발된 사람입니다. 그들은 모두 정신적으로 정상이고, 성격도 특별한 문제가 없는 평범한 학생들입니다.

실험은 2주간에 걸쳐 21명의 남자 중 9명이 간수, 12명이 죄수 역을 맡아 실제 교도소에서처럼 생활하는 일입니다. 그 결과 간수 역

〈엑스페리먼트〉 영화 포스터

을 맡은 사람들은 독단적으로 일을 고안해서 시키고, 불합리한 규칙을 만들어 죄수 역을 맡은 사람들에게 복종할 것을 강요합니다. 한편 죄수 역을 맡은 사람들은 수동적으로 규칙에 복종하게 되면서 상호간에 불만을 터뜨리거나 희생양이 되어 갑니다. 결국 누가 시키지 않았는데도, 죄수 역을 맡은 사람과 간수 역을 맡은 사람 사이 자존심 대결이 치열하게 일어나고, 급기야 실험 5일째 되는 날 살인 사건까지 벌어져 실험을 중단하게 됩니다.

이 영화에서 말하고 있는 것은 무엇일까요? 인간 내면에 존재하는 공격성은 평소에는 나타나지 않다가 극단적인 상황이나 제한적 위치에 처했을 때 나타난다는 것이 아닐까요? 어떤 사회에서

사느냐에 따라 인간의 공격성은 극단적으로 드러날 수도 있고, 그렇지 않을 수도 있다는 것입니다.

공격성은 적대감을 바탕으로 한 경쟁심의 또 다른 모습입니다. 경쟁이 치열한 사회에서의 경쟁심은 타인을 공격하는 공격성으로 나타납니다.

앞서 말한 알피 콘이라는 미국의 교육 저술가는 『경쟁을 넘어서』라는 책에서 우리가 당연시 하는 경쟁에 대해 단연 '아니오'라고 말해야 한다고 합니다. 그는 오늘날의 경쟁체제가 네 가지 잘못된 신화 위에 구축되었다고 보고 있습니다.

첫째, 경쟁은 살아 있는 한 피할 수 없는 현실이며 '인간성'의 일부라는 신화.
둘째, 경쟁이 우리로 하여금 최선을 다하도록 한다는 신화.
셋째, 경쟁은 즐거운 시간을 갖기 위한 유일한 시간은 아닐지라도 가장 좋은 방법을 제공한다고 하는 신화.
넷째, 경쟁이 인격을 키우고 자신감을 얻는 데 좋다는 신화.

그는 경쟁이 존재하는 인간생활의 모든 영역을 살피고, 교육, 사회심리학, 사회학, 오락연구, 진화생물학, 문화인류학 등 여러 분야에서 얻은 관련 자료를 검토함으로써 이 네 가지 잘못된 신화에 대해 반박합니다.

우리 사회에서 경쟁심이 체계적으로 학습되는 곳은 학교입니다. 어느 곳이나 현대 사회의 학교에서 학생들은 경쟁심과 개인주의를 자기도 모르게 학습합니다. 자기가 그렇게 생각하지 않더라도 이미 그렇게 되어 가고 있는 것입니다. 교실과 복도의 구조부터 하나하나 떨어져 있는 책걸상은 개인주의를 강화시킵니다. 성적에 따른 등위 매김은 말할 것도 없고, 수업방식, 상벌제도, 수상受

〈일등 불안〉, 조시원 그림, 2005

賞제도, 교사의 언어, 교과서 내용 등 어느 것 하나 할 것 없이 경쟁을 미화하고 부추깁니다. 이기심과 개인주의, 성과주의와 동전의 양면을 이루고 있는 경쟁의식은 누구나 '넘버 원'이 되도록 강요하고 있고, 이 같은 학교의 경쟁체제는 사회의 경쟁체제로 이어져, 경쟁을 하면 할수록 더욱더 경쟁해야 하는 악순환의 함정에 빠지게 합니다.

부모가 아이에게 학급에서 일등이 되길 요구하는 한, 아이도 부모의 뜻을 받아서 같은 것을 자신에게 요구합니다. 일등의 자리에 오르기까지 무진 애를 써야 하지만, 일등은 또 다른 일등끼리 경쟁해야 합니다.

경쟁심에서 벗어나기 위해서는 평소 경쟁을 바라보는 시각이 바뀌어야 합니다. 그러기 위해서는 개인의식의 변화와 사회 구조의 변화 두 가지가 동시에 이루어져야 합니다.

경쟁의식은 가치관과 자부심의 문제입니다. 경쟁은 선한 것이다, 혹은 필요악이다라는 인식에서 벗어날 필요가 있으며, 자부심을 성공적으로 지켜낼 필요가 있습니다. 자부심이 강한 사람은 그러지 못한 사람보다 덜 경쟁적입니다. 경쟁을 통해 자기 우위를 계속 지켜가지 않아도 되기에 타인을 꼭 이겨야 할 필요가 그만큼 적어집니다.

경쟁의 많은 부분이 비교에서 비롯되기에, 비교하는 습관에서 벗어날 필요도 있습니다. 우리의 생각은 습관화 된 것들이 많습니다. 자기도 모르는 사이 그렇게 생각하고 있다는 것입니다. 자신의 성장을 측정하는 유일한 방법으로 비교만 있는 게 아닙니다. 비교는 경쟁의식을 불러와 진정한 성취를 방해합니다. 스스로 목표를 설정하고 그것을 이루기 위한 과정을 즐기면서 한 발 한 발 앞으로 나아가는 것. 이런 사람은 타인을 경쟁상대로 볼 이유가 없습니다.

그러나 개인의 가치관과 자부심 문제는 경쟁의식을 변화시키는 데 한계가 있습니다. 경쟁적인 사회구조가 변하지 않는 한 늘 같은 문제에 부딪히게 됩니다. 경쟁의식보다는 '협력'의 가치를 배

워야 합니다. 가정에서, 학교에서, 우리는 협력의 가치를 가르치고 배울 필요가 있습니다. 그 과정을 통해 우리는 개인주의에서 벗어나, 타인에게 관심을 돌릴 수 있는 공동체적 삶의 태도를 기를 수 있습니다.

반사회적 행동

우리 주위에는 간혹 규칙을 밥 먹듯이 어기며 자기 멋대로 행동하는 사람들이 있습니다. 그들은 상대방을 조금도 고려하지 않고 오로지 자기 하고 싶은 대로만 하기 위해 거짓말이나 도둑질 폭력을 휘두릅니다. 이러한 행동을 반사회적 행동이라고 하는데, 사회생활에 아예 관심이 없거나 회피하려는 태도인 '비사회적 행동'과는 엄연히 구분됩니다.

반사회적 행동에는 아동기에 나타나는 '적대적 반항장애', 18세 미만 청소년기에 나타나는 '품행장애' 그 이후 성인에게 나타나는 반사회적 인격(성격)장애, 싸이코패스, 경계선 인격장애 등이 있습니다. 각각의 뜻이나 진단 처방 등이 다르지만 여기서는 이 모든 것을 통칭하여 '반사회적 행동'이라는 말로 쓰겠습니다.

반사회적 행동은 성격이나 행동이 보통 사람들의 수준을 벗어나 편향된 상태를 보이는 것으로, 자신이나 사회에 부정적인 영향을 끼치게 되는 행동입니다. 반사회적 행동장애가 있는 사람은 사회 규범에 대한 감각이 없는 사람으로 타인의 권리를 무시하고 침범합니다. 또 자신의 잘못된 행동에 대해 양심의 가책이나 죄책감을 느끼지 못하며 그것이 잘못된 일인지 인정하지 않습니다.

　반사회적 행동은 정신질환과는 아무 상관이 없는 경우가 많습니다. 반사회적 행동은 동일화 감정의 미성숙한 발달과 책임감 판단력의 결여에서 오며, 경험을 통해 배우지 못하기 때문에 부끄러움이나 죄책감에 대한 감각이 없다고 합니다. 어떤 일에 대한 정서적 반응이 없기 때문에 자신의 반사회적 행동에 괴로워하지도 또 그것을 바꾸려 하지도 않습니다.

　전형적인 반사회적 행동을 하는 사람들은 겉으로는 귀엽고 남의 기분을 잘 알아주는 것 같고 지능도 정상이고 말도 합리적인데, 이러한 인상과는 달리 믿음성과 성실성이 없고, 내면에 거짓이 가득 찬 인격자라고 합니다. 그들은 주기적으로 반사회적 행동을 반복하고, 권위(부모나 교사 등)에 대한 존경이나 감사가 없어 반항하며, 싸움을 일삼고, 책망하면 핑계와 거짓말로 모면하여 잘못했다는 느낌을 갖지 않습니다. 또 반사회적 행동의 동기가 모호한 경우가 많으며 (돈이 많은 사람이 돈을 훔친다든지), 극도의 자기중심성으로 대인관계 형성이나 타인과 정서를 나누지 못합니다. 자기 눈앞의 이득을 얻지 못하는 경우 쉽게 흥분하여 난폭해지며, 칼로 자기 몸에 상처를 낸다든가, 무책임한 성행위, 무분별한 생활

계획으로 일상생활을 이어가기 어렵습니다.

반사회적 행동장애는 어려서부터 나타날 수 있습니다. 아동기에는 적대적 반항장애로 진단을 받기도 하는데, 학교와 집에서 부탁받은 일을 하지 않으며, 하고 싶은 일을 하지 못하면 흥분하여 분노발작을 일으킵니다. 많은 아이들이 자라면서 이런 행동을 그만두지만, 그렇지 않을 경우 초등학교나 중학교에 들어가 문제의 행실장애를 보이곤 합니다. 끊임없이 타인의 권리를 침범하여 다른 아이를 못살게 괴롭히고, 싸움을 걸며, 화장실에서 담배를 피우고, 집에서는 부모의 권위에 도전하여 형제들과 끝없이 다툽니다. 동물을 학대하고, 불을 지르며, 약물과 술을 마시고, 성희롱을 하거나, 시비를 걸며 시간을 보냅니다.

많은 경우 아동기나 청소년기에 나타나는 반사회적 행동장애는 성장한 뒤까지 이어지지 않습니다. 그러나 만약 어려서부터 반사회적 행동장애를 해 왔고, 10대에도 그 같은 행동이 계속된다면, 어른이 되어서 반사회적 행동장애를 일으킬 확률이 높아집니다.

반사회적 행동장애가 선천적인지 후천적인지에 대한 논란이 있습니다. 두 가지 모두 영향이 있는 것으로 보이며, 이 같은 장애가 있는 사람들은 선천적으로 충동성과 감각 추구성이 높은 것으로 나타납니다. 또한 행동억제 수준이 비정상적으로 낮고, 각성 수준이 역시 낮기 때문에 위험하고 충동적인 행동을 하게 됩니다.

환경적 원인으로는 몇 가지 상황이 반사회적 행동장애와 관련이 있다고 알려져 있습니다. 사회화를 배우는 과정에서 규범을 습득하지 못해 사회에 적응하지 못한다는 것입니다. 또 어린 시절 바람직하지 못한 환경과 사건이 인격 발달에 부정적인 영향을 미쳤을 것이라 여겨집니다. 곧 인간에게는 건전하게 기능하는 초자아가 필요한데, 이것이 형성되려면 어려서 그 주위에 동일화 할 건강한 부모가 있어야 합니다. 그러나 애정이 없거나 폭력적인 가정에서 자란 아이의 경우 그럴 기회가 없어, 참을성이 없고, 충동과 욕구에 즉각적으로 반응하며, 난폭하고, 훔치고, 속이고, 짜증내고, 창피해 할 줄 모르고 반항합니다.

그럼 여기서 반사회적 행동장애가 형성되는 경로와 증상에 대해 알아보겠습니다.

- 아동기에서 청소년기에 이르기까지 반사회적 행동이 형성되는 경로.
  - 까다로운 기질.
  - 주의산만.
  - 명백한 품행장애 (공격성).
  - 위축.
  - 또래관계 나쁨.
  - 학업문제.
  - 드러나지 않는 비행.

- 일탈된 또래(비행 청소년)와 어울림.
- 비행(체포).
- 상습적 범죄.

- 증상
  - 아동기 및 청소년기의 증상 : 훔치는 행동, 제멋대로의 행동, 학교에 가지 않는 일, 가출, 나쁜 친구와의 교제, 밤늦게 돌아다니는 행동, 폭력, 충동성, 겁 없는 행동, 책임감 결여, 단정치 못한 옷차림, 야뇨증, 죄책감 결여, 성범죄, 병적인 거짓말, 성도착 등.
  - 성인의 증상 : 직장 적응장애(직업을 자주 바꾸고 실직이 잦고 직장에서도 인간관계 유지 어려움). 경제적으로 독립 못해 가족 친지에게 의존, 결혼생활에 적응이 어려움. 술 약물 상습 복용, 성적 문란, 무기를 사용해 싸우거나, 상대방에게 치명적인 상처를 입히고도 이런 행동에 대한 옳고 그름을 모름.

반사회적 행동에서 알아두었으면 하는 것이 '사이코패스'와 '사디즘', 그리고 '경계성 인격장애'입니다.

사이코패스는 반사회적 행동을 하는 사람들의 위험성을 강조하기 위해 대중매체에서 사용하는 말입니다. 얼음장처럼 차갑고 다른 사람과 주변 환경을 조작하는데 능하며, 자기 제어능력이 없는 성향을 지닌 범법자를 지칭할 때 쓰는 말입니다.

사디즘은 다른 사람들에게 고통을 줌으로써 쾌락을 느끼는 사람을 묘사할 때 쓰는 말입니다. 사디즘적인 성격의 사람들을 '사디스트'라고 하는데, 다른 사람을 지배할 때 강한 만족감을 느끼며, 타인을 학대하거나 비난하는 일을 선호합니다.

경계성 인격장애는 겉보기에는 품행 장애와 같이 간헐적인 가출, 등교 거부, 성적 문란, 질서나 규율에 대한 반항, 무질서한 생활, 싸움 등 반사회적 행동장애에서 볼 수 있는 행동 양상을 나타냅니다. 그러나 경계선 인격 장애는 증상의 양상이 시기에 따라 다양하게 변한다는 점, 옳고 그름을 안다는 점, 본질적으로 타인의 권익을 크게 해치지 않고, 자신이 행한 행동에 죄책감이나 책임감을 느껴 괴로워하는 점에서 품행 장애와 다르다고 합니다.

반사회적 행동에 대처하는 최선의 방법은 발생 자체를 미연에 방지하는 것입니다. 반사회적 행동 장애가 생기면 여러 치료 방법이 있지만 치료가 쉽지 않습니다. 기분 안정제를 통해 충동을 감소시킬 수도 있지만 약물이 성격이나 가치관을 변화시키지는 못합니다.

아동기에 적대적 반항장애 양상을 보이면 부모는 부적절한 아이의 행동에 대해 명확한 한계를 설정해 주어야 합니다. 벌을 줄 때는 우선 아이에게 왜 그 같은 행동이 옳지 않았는지, 어떠한 행동을 취해야 옳은지 물어본 후 시행하는 게 좋습니다. 이 때 처벌 기준이 명확해야 합니다. 옳지 않은 행동에 대해서는 언제나 똑같은 기준을 적용해야 합니다. 기분이 좋다고 봐주고 나쁘다고 벌을 주는 식이면, 아이는 개선되지 않고 다른 사람의 기분을 이용하는 법만 배우게 됩니다. 또 부모는 아이의 반항에 절대 굴복해서는 안 됩니다. 반항에 굴복한다는 것은 앞으로도 같은 방법을 통해 자기 의사를 관철시킬 수 있다는 것을 아이에게 가르쳐주기 때문입니다.

신체이형장애

    사람은 누구나 자기 몸에 대한 느낌이나 생각을 가지고 있습니다. 이것을 '신체(보디) 이미지'라고 합니다. 예를 들면 나는 눈이 쌍꺼풀 져 귀엽다, 난 머릿결이 너무 곱슬머리라서 싫다와 같은 것들입니다. 건강한 사람의 경우 신체 이미지는 청소년기에 예민하게 나타나지만 성인이 되면서 대수롭지 않게 됩니다. 그러나 자신의 이미지에 자신이 없거나 만족하지 못한 사람은 원만한 사회생활을 하지 못할 뿐더러 성형 중독에 빠진다든가 극단적으로 자살을 시도하기도 합니다.

    신체이형장애란 실제로 외모에 결점이 없거나 그리 크지 않은 사소한 것임에도, 자신의 외모에 심각한 결점이 있다고 생각하여 그것에 사로잡히는 질병입니다. 많은 경우 신체이형장애자들은 자기 외모를 고치기 위해 성형 수술이나 피부과 시술에 매달리지만, 이런 수술을 통해 궁극적인 만족감을 얻지 못합니다.

조시원 그림

  사람은 누구나 몸무게든 머릿결이든 외모든 피부든 무엇이든
간에 자기 몸 중에서 하나쯤은 마음에 들지 않는 부분이 있습니
다. 그리고 많은 사람들이 그런 생각을 하면서도 큰 문제없이 생
활을 해 나갑니다. 그러나 그 결함을 도저히 못 견뎌 하는 이들이
있는데, 그들이 바로 신체이형장애 환자들입니다. 턱 밑에 있는 조
그만 점이 그들의 눈에는 수박 통 만하게 보이며, 사실 남들은 그
런 점이 있는 줄도 모르고 지나치는데, 정작 본인은 그 점 때문에
하루 종일 거울을 들여다보고, 피부과나 성형외과를 문턱이 닳도
록 찾아다닙니다.

  신체이형장애에 대한 체계적인 논문이 발표된 것은 1970년이
었으며, 이후 본격적으로 연구되기 시작한 것은 1980년대 후반입
니다. 미국의 경우 성형외과 환자 중 약 2%가 신체이형장애 환자
이며, 남자가 46% 여자가 54%의 성비를 보인다고 합니다.

음식을 거부한다든가, 자신의 외모에 대한 지나친 집착으로 성형만 수십 번 하여 삶을 망치는 경우가 많이 있습니다.

신체이형장애의 핵심은 자신의 신체 이미지에 대한 문제입니다. 곧 자신의 외모에 대해 어떻게 생각하느냐 하는 것입니다. 외모가 괜찮은데도 불구하고 작은 결함을 찾아내어 계속 수술을 받지만, 그 결과에 불만족하여 다시 성형을 하는 악순환에 빠지게 됩니다.

거울을 이용하여 자신의 몸을 객관적으로 보는 것도 신체이형장애를 극복하는데 도움이 됩니다. 얼굴 거울이나 전신 거울 앞에서 어느 한 부분에 집착하지 말고 여러 부분을 하나하나 바라보면서 자신에게 말을 합니다. 예를 들어 코가 이상하다고 생각되면 눈을 보면서 내 눈을 어떻고, 내 귀는 어떻고, 피부는 어떻고 하면서 스스로에게 말을 하듯이 하나하나 긍정적인 면을 이야기합니다. 몸도 마찬가지입니다. 몸 부위 하나하나에 긍정적인 면을 의도적으로 부각시키면서 몸 전체를 인식하도록 합니다.

또 인지행동치료와 약물치료가 효과적이라고 합니다. 세로토닌 억제제 같은 약물치료와 자신의 신체에 대해 생각하는 방식, 바라보는 방식을 변화시켜 행동의 변화를 이끌어내는 인지치료를 병행하여 효과를 높이기도 합니다.

긍정하는 마음

예부터 내려오는 말 가운데 '오만 가지 잡생각'이라는 말이 있습니다. 사람이 이런 저런 생각에 빠졌을 때 하는 말입니다. 그런데 재미있는 것은 이 '오만 가지'라는 것이 말만 그런 게 아니라 실제로 사람이 하루에 하는 생각의 수가 그렇다는 것입니다. 미국의 심리학자 섀드 햄스테터에 의하면 사람은 보통 깊이 자는 시간을 빼고 20시간 동안 5-6만 가지 생각을 한다고 합니다. 그러니까 한 시간에 2,500가지, 1분에 42가지 생각을 한다는 것인데 문제는 이들 생각 중 85%가 부정적인 생각이라는 것입니다.

우리는 지금까지 '심리 교실'을 통해 인간의 마음 작용은 뇌의 영향 아래 이루어지는 것이며, 우리가 일상생활에서 쉽게 맞닥뜨릴 수 있는 여러 가지 마음의 병에 대해 살펴보았습니다. 그런데 마지막 단락에서 '긍정하는 마음'을 주제로 하는 이유는, 긍정 자체가 만병통치약은 아닐지라도, 긍정하는 자세로 삶을 살아갈 때 많은 마음의 병을 치유할 수 있고 우리 삶이 보다 풍요로워져서입니다.

긍정하는 마음이란 지금보다 모든 것이 나아질 것이라는 믿음을 갖는 마음입니다. 긍정하는 마음을 가질수록 사람은 더 행복해지고, 다른 사람을 행복하게 할 수 있는 힘을 가질 수 있습니다. 생각은 부메랑과 같아서 내가 한 생각이 나에게 다시 돌아옵니다. '난 안 돼, 못할 거야'와 같은 생각은 실제로 어떤 일에서 실패의 결과를 가져옵니다.

긍정에 대해 이야기할 때 자주 드는 예화로 '물잔'과 관련한 이야기가 있습니다. 똑같은 잔에 물이 반이 들어 있는데, 한 사람은 물이 반밖에 없다고 불평하고, 다른 사람은 물이 반이나 남아 있다고 흐뭇해하더라는 이야기입니다. 사고방식에 따라 사물이 얼마나 다르게 보이는지를 알려주는 예화입니다.

긍정하는 마음은 현실을 바로 보도록 합니다. 자신의 잘못과 모자람을 인정하면 어떤 문제의 합리적 해결책을 찾을 수 있기 때문입니다. 그런 면에서 긍정하는 마음은 추진력을 갖습니다. 나는 무슨 일이든지 해낼 수 있고, 자신감과 의욕으로 어떤 일을 대하기에 능력이 부족하다면 다른 방법을 써서라도 해낼 수 있습니다.

여기서 한 가지 우리가 생각해 볼 것은, 그렇다면 긍정이란 무엇에 대한 긍정인가 하는 점입니다. 막연한 긍정이 아닌 구체적으로 무엇에 대한 긍정인가. 긍정의 세 가지 주제는 자기 자신, 미래,

주변 환경에 대한 긍정입니다. 자기 자신을 무능하고 열등하며 무가치한 존재, 무엇을 해도 되지 않는 존재로 생각하며, 미래를 암울하고 비참하고 절망적으로 보고 있다면, 그리고 주변 환경 역시 열악하고 적대적인 상황으로 생각한다면, 긍정적인 사고를 가질 수 없습니다.

긍정하는 마음의 결과는 말과 생각으로 나타납니다. 말과 생각에는 엄청난 에너지가 있고, 좋은 말이든 나쁜 말이든 우리는 의지와 상관없이 말에 생명을 부여합니다. 그러므로 우리 인생은 말과 생각에 따라 다르게 변한다고 할 수 있습니다. 부정적인 생각을 버리고 긍정적인 생각을 하십시오. 그러나 이 일이 자연스럽게 되는 게 아니라 부단히 노력하고 말하는 가운데 이루어질 수 있음을 깨달아야 합니다.

여기서 긍정을 주제로 한 학생 작품을 같이 읽어 볼까요?

■ 긍정

(중1, 남)

하교 길에
버스를 타다
정류장을 지나쳐도
"걸어가지 뭐"

긍정

등굣길에

조금 늦어서 지각을 해도

"공부 좀 더 하지 뭐"

긍정

생각하면 많고

돌아보면 없는

긍정

■ 뇌는 신체를 지배한다. 뇌는 우리 몸의 주인이고 나 자신이다. 현재까지 뇌의 모든 것을 밝혀내지는 못했지만 이미 밝혀진 몇 개의 사실만 봐도 뇌가 얼마나 중요한 것인지 알 수 있다. 뇌는 많은 것을 생각하고 상상할 수 있다. 뇌의 상상은 엄청난 힘을 가졌다. 자신이 기분이 좋지 않을 때 좋은 일을 상상하면 기분이 좋아지고 힘든 일을 상상하면 피곤해진다.

이런 현상을 사람들은 '플라시보 효과'라 부른다. 실제 몇몇 운동선수들은 경기 전 미리 상상으로 경기를 해 본다고 한다. 더욱 놀라운 건 상상을 하고나면 실제 그 운동을 한 것과 비슷하게 근육이 움직인다는 것이다. 왜 이렇게 되느냐면 뇌가 그 때의 근육의 움직임을 기억하고 있기 때문에 상상을 할 때 저장된 기억을 똑같이 구체화 시키는 것이다. 한 마디로 뇌는 현실과 상상을 착각한다는 것이다.

그리고 상상으로 병을 치료하는 방법도 생겼다. 외국의 한 여성은 병원에서 폐암이란 결과를 받았다. 하지만 그 혹을 제거하기엔 너무 크고 동맥에 아주 가깝더라는 거였다. 그녀는 매일 암을 제거하는 상상을 3시간씩 반복하였다. 그 결과 놀랍게도 혹의 크기가 줄었다는 것이다. 의사들은 이 뇌와 신체의 관계가 '생리학'에 해당된다고 한다. 왜냐하면 몸에서 일어나는 자연스러운 현상이기 때문이다. 그렇기 때문에 항상 긍정적으로 생각하면 좋은 일이 일어난다는 게 맞는 말 같다. (중3, 남)

글 ①에는 학교생활에서 오는 긍정의 마음이 잘 나타나 있습니다. 이 글을 쓴 학생은 불행한 일이 있더라도 좋은 쪽으로 생각하는 것이 긍정이라고 믿는 것 같습니다.

글 ②는 인간의 뇌의 작용에 대한 이야기입니다. 아마도 무슨 책을 읽고 썼거나, 과학시간에 선생님이 보여준 영상 학습자료를 보고 쓴 것 같습니다. 이 글에 나타나 있는 것처럼 실제로 우리 뇌는 상상과 실제를 구분하지 못한다고 합니다. 우리가 눈을 감고 상상을 하면 뇌는 그 상상을 현실로 받아들여 마치 실제로 일어난 일처럼 반응합니다. 그리고 뇌가 반응하면서 몸도 반응합니다.

생각이 인간에게 얼마나 엄청난 영향을 끼치는가에 대한 이야기가 있습니다. 한 사람이 냉동 창고에 식품을 옮기는 일을 하고 있었습니다. 그런데 그만 냉동 창고 문이 닫혀 그 안에 갇히고 말았습니다. 그는 창고 안에 있다가는 얼어 죽을 거라는 생각에 온 힘을 다해 문을 두드렸습니다. "사람 살려! 문 좀 열어주세요." 그러나 밖에는 아무도 없었고 그는 서서히 죽어갔습니다. 다음 날 아침 그는 싸늘한 시신으로 발견되었고, 사람들은 냉동 창고를 둘러보다 전원이 꺼져 있는 것을 발견했습니다.

자, 그렇다면 어떻게 긍정하는 마음을 강화할 수 있을까요? 어떤 상황에서든 무조건 긍정적으로 생각하고 행동하라면 될까요? 아니면 노력하면 무엇이든 이룰 수 있다는 신념을 가지고 맹렬하게 앞만 보며 달려가라고 하면 될까요?

지금부터 하는 이야기는 서울대 권석만 교수의 말로 내용이 좋아서인지 인터넷 여기저기에 인용되어 있는 것을 빌려왔습니다.

한 늙은 인디언 추장이 어린 손자에게 말했습니다.

"애야, 우리 모두의 마음속에는 두 마리의 늑대가 싸우고 있단다. 한 마리는 분노, 불안, 슬픔, 질투, 탐욕, 죄의식, 열등감, 이기심을 가지고 있고, 다른 한 마리는 기쁨, 평안, 사랑, 인내, 겸손, 친절을 가지고 있단다."

그러자 손자가 물었습니다.

"어떤 늑대가 이기나요?"

추장이 간단하게 대답했다.

"네가 먹이를 주는 놈이 이기지."

그렇습니다. 긍정하는 마음은 우리가 평소 어떤 늑대에게 먹이를 주느냐에 달렸습니다. 인간의 삶은 크고 작은 선택으로 이루어집니다. 선택을 해야 할 상황에 처할 때마다 우리 마음속 두 마리 늑대는 서로의 목소리를 높입니다. 우리 마음에는 매사를 비관적으로 바라보는 부정적인 마음과, 낙관적인 태도로 상황의 밝은 면에 주목하는 긍정적인 마음이 공존하며 서로 다툽니다.

이러한 상황에서 늘 부정적인 늑대에게 먹이를 주는 사람이 있는 반면, 긍정적인 늑대의 목소리에 귀를 기울이는 사람이 있습니다. 또 상황에 따라 두 늑대에게 선별적으로 먹이를 주는 사람도 있다. 우리가 마음속 어떤 목소리에 귀를 기울여 행동하느냐에 따라 우리의 삶은 달라집니다. 자기 마음을 다스리기 위해서는 마음을 스치며 지나가는 부정적인 생각들을 잘 관찰하여 포착하는 것이 중요합니다.

그런데 여기서 한 가지 문제는 마음에 떠오르는 생각이 어떤 늑대의 목소리인지 분별하기 어려울 때가 있다는 것입니다. 이럴 때 다음과 같은 세 가지 질문을 던져보면, 우리의 생각이 긍정적인 것인지 아니면 부정적인 것인지 좀 더 분명하게 알 수 있습니다.

- 첫 번째 물음 : 이 생각이 나를 즐겁고 편안하게 하는가?
  부정적인 생각은 불안이나 분노와 같은 부정적 정서를 유발하는 반면, 긍정적인 생각은 유쾌하거나 편안한 정서를

공부한 자료

마음의 비밀 / 데이비드 코언 / 문학동네

시냅스와 자아 / 조지프 르두 / 도서출판 소소

십대들의 뇌에서는 무슨 일이 일어나고 있나? / 바버라 스트로치 / 해나무

인간의 마음 무엇이 문제인가 Ⅰ Ⅱ / 칼 메닝거 / 선영사

경쟁을 넘어서 / 알피 콘 / 비봉출판사

프로이트 심리학 해설 / S 프로이트 / 선영사

융 심리학 입문 / C S 홀 / 범우사

성격 심리학 / 노안영 / 학지사

현대이상심리학 / 권석만 / 학지사

멘탈 싸인 50 / 제임스 휘트니 힉스 / 도서출판 밈

청소년을 위한 정신의학 에세이 / 하지현 / 해냄

사례중심의 이상심리학 : DSM-5 / 김청송 / 싸이북스

중독에 빠진 뇌 / 마이클 쿠하 / 해나무

열등감 부모 / 최원호 / 팝콘북스

느리게 사는 즐거움 / 어니 J 젤린스키 / 새론북스

텔링 라이즈 / 폴 에크먼 / 한국경제신문

왜 사람들은 자살하는가 / 토머스 조이너 / 황소자리

청소년 문제 행동 - 심리학적 접근 / 한상철 / 학지사

경향신문 연재 자료 (2015. 3. 17 ~   )「문명, 인간이 만드는 길」

그 외 여러 인터넷 사이트 등재 자료